www.ingramcontent.com/pod-product-compliance
Lightning Source LLC
LaVergne TN
LVHW020440070526
838199LV00063B/4799

درپردہ

(مزاحیہ مضامین)

مصنف:

مسیح انجم

© Maseeh Anjum

Dar Parda *(Humorous Essays)*

by: Maseeh Anjum

Edition: April '2024

Publisher :

Taemeer Publications LLC (Michigan, USA / Hyderabad, India)

ISBN 978-93-5872-025-9

9 789358 720259

مصنف یاناشر کی پیشگی اجازت کے بغیر اس کتاب کا کوئی بھی حصہ کسی بھی شکل میں بشمول ویب سائٹ پر اَپ لوڈنگ کے لیے استعمال نہ کیا جائے۔ نیز اس کتاب پر کسی بھی قسم کے تنازع کو نمٹانے کا اختیار صرف حیدرآباد (تلنگانہ) کی عدلیہ کو ہو گا۔

© مسیح انجم

کتاب	:	**در پردہ** (مزاحیہ مضامین)
مصنف	:	**مسیح انجم**
صنف	:	طنز و مزاح
ناشر	:	تعمیر پبلی کیشنز (حیدرآباد، انڈیا)
سالِ اشاعت	:	۲۰۲۴ء
صفحات	:	۱۳۶
سرورق ڈیزائن	:	تعمیر ویب ڈیزائن

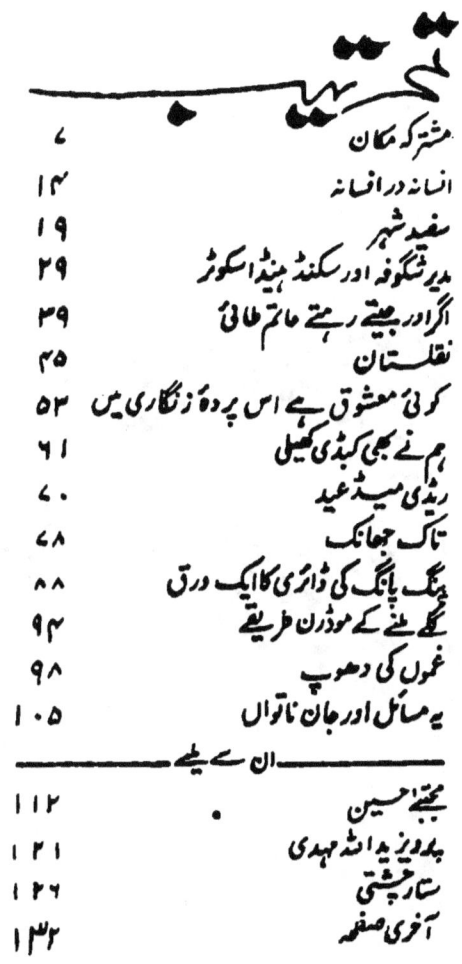

ترتیب

مشترکہ مکان ۷
افسانہ در افسانہ ۱۴
سفید شہر ۱۹
مدیر شگوفہ اور سکنڈ ہینڈ اسکوٹر ۲۹
اگر اور جیتے رہتے حاتم طائی ۳۹
نقلستان ۴۵
کوئی معشوق ہے اس پردۂ زنگاری میں ۵۳
ہم نے بھی کبڈی کھیلی ۶۱
ریڈی میڈ عید ۷۰
تاک جھانک ۷۸
ینگ پانگ کی ڈائری کا ایک ورق ۸۸
گلے ملنے کے موڈرن طریقے ۹۴
غموں کی دھوپ ۹۸
یہ مسائل اور جان ناتواں ۱۰۵

ان سے ملیے

مجتبیٰ حسین ۱۱۲
پرویز یداللہ مہدی ۱۲۱
ستار چشتی ۱۲۶
آخری صفحہ ۱۳۲

در پردہ (مزاحیہ مضامین) مسیح انجم

جناب سیّد مصطفیٰ کمال مُدیر "شگوفہ"

کے نام

جو ہر ماہ آٹھوں گے "در پردہ" ہزاروں

شگوفے کھلاتے ہیں

مشترکہ مکان

موجودہ دور میں غمِ روزگار کے بعد اگر کوئی غم ہے تو وہ ہے غمِ مکان۔ ایک حد تک غمِ روزگار کا پھر بھی مداوا ہو سکتا ہے۔ اگر آپ واقعی بے روزگار ہیں اور محنت مزدوری سے جی چراتے ہیں تو کسی چوراہے پر اپنے رومال کو پھیلا کر کھڑے ہو جائیں اور "مائی باپ، ایک پیسہ بابا" کی رٹ لگائیں تو کچھ ہی دیر میں سو پچاس جھڑکیوں اور گالیوں کے ساتھ ساتھ بیس پچیس پیسے بل ہی جائیں گے، یا ایک صورت یہ بھی ہو سکتی ہے کہ روزانہ پورے شہر کا ایک جائزہ لیں اور دیکھیں کہ کہاں کہاں شامیانے لگے ہیں اور کس مکان سے دھواں اُٹھ رہا ہے۔ مگر کبھی کبھی یہ دھواں دھوکا بھی دے جاتا ہے۔ جس کے نتیجہ میں پیٹ کی آگ بجھانے کی بجائے گھر کی آگ بجھانے کی نوبت آجاتی ہے۔ لیکن ایسا واقعہ شاذ و نادر ہی پیش آتا ہے۔ جب اس طرح کے سروے میں جہاں کہیں شامیانے لگے ہوئے نظر آئیں تو فوراً بن بُلایا مہمان بن کر اندر گھس جائیں اور خوب "ڈٹ کر" کھائیں، اگر "موقع واردات" پر میزبان پکڑ لے تو فوراً جھڑک دیں "آپ کو دستر خوان کے آداب کا کچھ لحاظ ہے؟" ظاہر ہے اس حملہ کی تاب نہ لاکر میزبان وہیں ڈھیر ہو جائے گا۔ اور الٹا معذرت

جا لے گا۔ کیا عجب کہ ساتھ ہی مزید کچھ اچھے کھانوں سے آپ کی ضیافت کرنے پر اتر آئے۔ لیکن مکان کا معاملہ اس کے بالکل برعکس ہے۔ اگر آپ مکان ڈھونڈتے ڈھونڈتے نڈھال ہو جائیں اور رات ہونے پر کسی مکان میں گھس جائیں تو مالک مکان آپ کو حوالات کے حوالے کر کے ہی اطمینان کا سانس لے گا۔ اگر آپ اس وقت آداب و روایات کا حوالہ دیں تو وہ دو چار زبردست گھونسے جڑ کر کہے گا۔" یہ بھی روایات میں داخل ہے!" اس طرح روزگار سے کہیں زیادہ مکان کی اہمیت بڑھ جاتی ہے کیوں کہ فٹ پاتھ پر سونے سے تو رہے۔ وہاں داداؤں سے سابقہ پڑتا ہے۔ گلی کوچوں کے چبوتروں پر سوئیں تو پولیس کے دھر لینے کا خوف۔ مسجد میں موذن کا استبداد، مندر میں پجاری کا اجارہ۔ ان حالات میں ایک انسان سوائے مکان کے کہیں اور نہیں رہ سکتا۔

چنانچہ اسی خیال کے پیش نظر جب ہم نے مکان کی تلاش میں کوچہ نوردی شروع کی تو جوتوں کے پھٹنے کا ایک اور غم شامل حال ہو گیا۔ قبل اس کے کہ ہم غموں کے بوجھ تلے دب کر "کُبڑے" بن جاتے، شاید خدا کو رحم آیا اور ایک دوست کی سفارش سے سر چھپانے کے لئے ایک مشترک مکان میں ایک کمرہ مل گیا۔ مگر اس مکان میں کمرہ حاصل کرنے کے لئے ہمیں کئی پاپڑ بیلنے پڑے۔ سب سے پہلے ہمیں شادی کر کے ایک اور مصیبت اپنے گلے ڈال لینی پڑی۔ کیوں کہ مشترک مکان میں کنوارے کا داخلہ ممنوع ہے۔ نہ صرف ہمیں شادی کرنی پڑی بلکہ مالک مکان کے بے حد اصرار پر ان کے آگے "سہرا نامہ" پیش کرنا پڑا، تاکہ شادی کے "بوگس" ہونے کا شبہ رفع ہو جائے۔ یہی نہیں ہمارے کیرکٹر اور تنخواہ وغیرہ کے بارے میں اتنی ساری پوچھ گچھ کی گئی کہ ہمارے سسرالی رشتہ دار ہمارے تعلق سے عجیب و غریب شک و شبہات میں مبتلا ہو گئے۔ ہم نے ان کے شبہات کو دور کرنا اس لئے مناسب

نہ سمجھا کہ وہ ہمارا کرایہ کیا لیں گے۔ بہت ہی ہوا تو یہی نا کہ وہ اپنی لڑکی کو دے جانے کی دھمکی دیں گے۔ ٹھیک ہے آج کے دَور میں لڑکی تو آسانی سے مِل سکتی ہے مگر مکان نہیں مِل سکتا۔ چنانچہ ہم نے مالک مکان کے سامنے پوری سعادت مندی کا مظاہرہ کیا۔ تب کہیں جاکر سر چھپانے کو جگہ ملی۔

ہم جس مشترکہ کرایہ کے مکان میں مقیم ہیں وہ کُل دو کمروں، ایک چھوٹے سے دالان اور ایک دیوان خانہ پر مشتمل ہے۔ ایک کمرے میں تو ہم مع اپنے اہل و عیال کے مقیم ہیں، دوسرے کمرے میں خود مالکِ مکان اپنی ایک ضعیف ماں، ایک بیوی، دو بیٹوں، تین بیٹیوں اور ایک شیر خوار بچے کے ساتھ رہتے ہیں۔ یوں تو کہنے کو مشترکہ دیوان خانہ ہے ضرور لیکن اس پر مکمل طور پر مالکِ مکان کا غاصبانہ قبضہ ہے۔ جب کبھی ہم اس دیوان خانہ پر اپنا حق جتاتے ہیں تو مالکِ مکان فوراً بازو والی ہوٹل کی نشان دہی کرتے ہیں کہ ہم وہاں فرصت کے لمحات گزار کر مقروض ہو جائیں۔ اسی طرح مشترکہ دالان بھی پورے طور پر ان ہی کے تصرّف میں ہے۔ اگر مالک مکان کا بس چلے تو وہ اس دالان کو بھی کرایہ پر اُٹھا دیں۔

ہم جس کمرے میں مقیم ہیں اس کے "باب الداخلہ" کا چوکھٹا اس قدر چھوٹا ہے کہ ہم جیسے مختصر آدمی بھی تن کر چل نہیں سکتے۔ شاید مالکِ مکان نے یہ چوکھٹا اس لئے چھوٹا بنوایا ہے کہ کوئی بھی کرایہ داران کے آگے تن کر نہ چل سکے۔ اب تک تو آپ نے "چھت ٹپکتی ہے" محاورہ سنا ہے۔ لیکن ہمارے کمرے کو ملاحظہ فرمانے کے بعد "چھت جھڑتی ہے" کہنا پڑے گا۔ چنانچہ ہم نے کبھی چھت کی طرف آنکھ اٹھا کر دیکھنے کی ہمت نہیں کی۔ کیوں کہ کسی وقت بھی چھت کے جھڑنے سے آنکھوں میں مٹی گر سکتی ہے۔ اسی کو آنکھوں میں دھول جھونکنا کہتے ہیں۔ ہمارے اسی محتاط روّیہ نے ہماری گردن اس قدر تک جھکا دی ہے کہ ہم آنکھ اُٹھا کر مالکِ مکان

سے گفتگو نہیں کر سکتے۔ خیر گفتگو تو الگ رہی ہم اپنے کمرے میں چت لیٹ کر سو نہیں سکتے۔ ویسے کمرے میں آرام سے سونے کا اہتمام ہی کہاں ہے؟ ہمیشہ 'د' (دال) بن کر سونا پڑتا ہے اگر 'ا' 'الف' بن کر سونے کی کوشش کریں تو ٹانگیں مالک مکان کے کمرے کی سرحد میں داخل ہو جاتی ہیں اور کسی وقت بھی "مداخلت بے جا بہ خانۂ دیگر" کا الزام ہمارے سر تھوپا جا سکتا ہے۔ اب صرف ایک ہی صورت رہ جاتی ہے کہ چھت کی طرف ٹانگیں اٹھا کر سو جائیں۔

مشترکہ مکان میں صبح اُٹھتے ہی جو مسئلہ اُٹھ کھڑا ہوتا ہے وہ مشترکہ دالان کی صفائی کے تعلق سے ہوتا ہے اور یہ مسئلہ راست خواتین کی ذات بابرکات سے متعلق ہے۔ ہر خاتون اپنے کمرے کی حد تک تو جھاڑو لگاتی ہے لیکن دالان میں قدم رکھتے ہی اس کی بھویں تن جاتی ہیں۔ گویا اس کا یہ مطلب ہوتا ہے کہ کون کس حد تک جھاڑو لگائے۔ چنانچہ روزانہ کی اس جھک جھک سے بیزار ہو کر ہم لوگوں نے مکان کے دالان میں کوئلہ کی لکیروں سے سرحدوں کا تعین کر لیا ہے کیا مجال کہ جھاڑو لگاتے وقت کوئی خاتون ایک ملی میٹر کی خلاف ورزی کرے۔ اتنی سختی سے پابندی کرتے ہوئے ہم نے خواتین کو کسی اور معاملہ میں نہیں دیکھا ہے۔

مشترکہ مکان میں رہ کر ایک کرایہ دار بالکل ہی بے بس ہو کر رہ جاتا ہے۔ اب دیکھئے نا کہ ہم گھر میں رہ کر بھی بالکل بے گھر سے ہیں۔ نل پر نہانا تو کجا منہ ہاتھ تک دھو نہیں سکتے۔ اگر ہم گھر کے نل پر منہ ہاتھ دھونے کے لئے اپنی باری کا انتظار کریں تو دفتر میں لیٹ ہو کر ملازمت سے ہاتھ دھو بیٹھیں گے۔ اس لئے نہانے اور دھونے کے کاروبار پبلک نل پر انجام پاتے ہیں۔ اگر پبلک نل پر بھی کبھی کیو لمبی ہو جاتی ہے تو ہم مسجد کا سہارا لیتے ہیں۔ چنانچہ یہی وجہ ہے کہ اب ہم رفتہ رفتہ صوم و صلوٰۃ کے پابند ہوتے جا رہے ہیں۔ یہ تو بوقت حشر ہی پتہ چلے گا کہ ہماری

۱۱

نمازیں آیا قبول ہوئیں یا نہیں۔ کہنے کو مکان میں ایک مشترکہ بیت الخلا بھی ہے لیکن ہم اس کے تمام متعلقہ اُمور سے باہر ہی نجات حاصل کر لیتے ہیں۔ چنانچہ اسی وجہ سے ہم گھر پر کبھی جُلاب کا تصور تک نہیں کر سکتے۔ پیچش کا نام سُنتے ہی ہم یوں بدکتے ہیں جیسے کسی نے دیوانے کتے کی آمد کی اطلاع دی ہو۔

یہ تو صرف ہماری ایک ذات کی حد تک کی مجبوریاں تھیں۔ اب آپ ہماری دوسری مجبوریاں سُنیں گے تو ہم پر لعنت و ملامت شروع کر دیں گے اور کہیں گے کہ اس شخص میں اخلاقی جرأت نام کو نہیں۔ کیا کریں۔ زمانہ ہی کچھ ایسا آگیا ہے کہ ایک انسان مشترکہ مکان میں رہ کر اخلاقی جرأت کا مظاہرہ کرے تو الٹا اسے لینے کے دینے پڑ جاتے ہیں۔

ایک مرتبہ مالک مکان نے اپنی بیوی کی تائید میں اپنی بوڑھی ماں کو بُری طرح زدوکوب کرنا شروع کر دیا۔ وہ بیچاری پہلے ہی سے بخار کی بھٹی میں جھلسی جا رہی تھی۔ اور مالکِ مکان کی زدوکوب "مرے پر سو دُرّے" کے مصداق تھی۔ یہ دیکھ کر ہماری رگِ انسانیت پھڑک اُٹھی۔ ہم نے اپنے پچھلے تجربات کی روشنی میں اپنی رگِ انسانیت کو پھڑکنے سے روکنا بہت چاہا۔ لیکن اخلاقی جرأت کا غلبہ اس قدر ہوا کہ اس کے آگے ہماری ایک نہ چل سکی۔ ہم عدم تشدد کا پرچم اٹھائے آگے بڑھے۔ مالکِ مکان نے ہمیں دیکھتے ہی بُری طرح جھڑک دیا۔ "آپ کو ہمارے خانگی معاملات میں دخل دینے کا کوئی حق نہیں۔" ہم نے قدرے غصیلی آواز میں کہا۔ "ارے واہ! یہ بھی کوئی بات ہوئی۔ ہم تو پڑوسی ہیں۔ یہ ہم سے دیکھا نہیں جاتا۔"

مالکِ مکان نے ہمارے اس جملے سے فائدہ اٹھاتے ہوئے کہا۔ "اگر آپ واقعی ہمارے پڑوسی ہیں اور ہم سے اتنی ہی ہمدردی ہے تو بڑھیا کے علاج کے لیے سو روپے دیجیے۔" یہ سُنتے ہی ہماری اخلاقی جرأت پوری کی پوری منجمد ہو گئی اور ہم بارِ ندامت سے سر جھکائے اپنے کمرے کی طرف چلے آئے۔

۱۲

مخلوط وزارت اور مشترکہ مکان میں بڑی حد تک مماثلت پائی جاتی ہے۔ جس طرح ایک بڑا سیاست داں یا نجومی یہ حکم نہیں لگا سکتا کہ مخلوط وزارت کب لٹے گی، بالکل اسی طرح یہ کوئی بھی دعوٹی کے ساتھ نہیں کہہ سکتا کہ "مکان خالی کرو" کی دھمکی کب دی جائے گی۔ بہ الفاظ دیگر "مکان خالی کرو" کی ننگی تلوار ہمیشہ سروں پہ لٹکتی رہتی ہے۔ اب ان دو واقعات سے آپ کو پتہ چلے گا کہ کس طرح مالک مکان نے ایک بے سروپا موضوع کو مکان کے تخلیہ کا موضوع بنایا تھا۔ ایک دن ہمارے پاس مرغ کا سالن پکایا جا رہا تھا۔ سارے کا سارا مکان اس کی مہک سے معطر ہو رہا تھا۔ عین اسی وقت مالک مکان اپنے کمرے سے دندناتے ہوئے آئے اور آتے ہی وارننگ دی ——— "مکان خالی کرو" ہم نے پوچھا "حضور ہمارا قصور؟" انھوں نے ترشروئی سے جواب دیا "قصور وصور کچھ نہیں، بس مکان خالی کرو۔ آپ کی وجہ سے ہمارے گھر والے تمام کے تمام چٹور ے بنتے جا رہے ہیں؟" ہم فوراً بات کی تہہ کو پہنچ گئے اور بغیر کسی حجت کے معذرت چاہ لی اور سالن تیار ہوتے ہی ایک کٹورا سالن مالک مکان کے ہاں بھجوا دیا۔ اب تو ہمارا یہ اصول سا ہو گیا ہے کہ جب کبھی ہمارے گھر میں کوئی اچھا سالن پکایا جاتا ہے تو ہم فوراً ایک کٹورا سالن مالک مکان کے پاس "خراج" کے طور پر بھجوا دیتے ہیں جسے آپ آج کی اصطلاح میں "معمول" کہہ سکتے ہیں۔

اس واقعہ کے کچھ عرصہ بعد ایک بار پھر وہ اسی طرح دندناتے ہوئے آئے اور آتے ہی مکان خالی کرنے کی دھمکی دی۔ ہم نے ڈرتے ڈرتے پوچھا "اب آپ کو ہم لوگوں سے کیا شکایت ہے؟" بولے۔ "آپ کی بیوی صاحبہ بہت زیادہ فیشن کرتی ہیں جس کی وجہ سے میری بیوی آپ کی بیوی کے حوالے سے طعنے دیا کرتی ہے لہٰذا بہتر یہی ہے کہ آپ مکان خالی کر دیجیے تاکہ ......!" ابھی وہ "بانس اور بانسری" کا حوالہ دینے بھی نہ پائے تھے کہ ہم نے جھٹ کہا...... "ٹھیک ہے قبلہ! آئندہ

۱۳

سے میری بیوی پیوند کی ساڑیاں استعمال کرے گی اپنے چہرے پر خاک اور دھول اڑائے گی. آپ مطمئن رہیں!" ہماری یہ عادت بھی ہے کہ ہم کبھی کبھی کوئی اچھی سی فلم ضرور دیکھ لیتے ہیں. ایک دفعہ ہم سیکنڈ شو دیکھ کر مکان لوٹ رہے تھے کہ "مین گیٹ" پر مالکِ مکان سے مدبھیڑ ہو گئی. ہمیں دیکھتے ہی وہ برس پڑے.

"جناب! آپ کی اس آوارگی اور فلم بینی کی عادت کی وجہ سے ہمارے لڑکے شہدے بنتے جا رہے ہیں!" دیکھا آپ نے. انہوں نے راست اپنے لڑکوں کو گالی نہیں دی تھی بلکہ اُن کے توسط سے ہماری عزت پر حملہ کیا تھا. اس وقت جی چاہا کہ فوراً زبان کھینچ لیں اور چہرہ نوچ ڈالیں مگر تخلیہ مکان کے تصور سے لرز کر رہ گئے.

ان تمام حالات نے اور مکان کی گھٹن نے ہمیں قبل از وقت بوڑھا بنا دیا ہے' ہمارے قویٰ مضمحل ہو گئے ہیں اور اعضاء میں اعتدال نہیں ہے' ہمیشہ ہمارے چہرے سے وحشت برستی رہتی ہے' مختصر یہ کہ غالب کا یہ شعر ہم پر پوری طرح صادق آتا ہے ؎

مضمحل ہو گئے قویٰ غالب
اب عناصر میں اعتدال کہاں

چنانچہ ایک دن جب ہمارے ایک بچپن کے ساتھی نے ایک طویل عرصہ کے بعد ملاقات ہوئی تو اس نے تعجب سے پوچھا" ارے یار! یہ تمہاری کیا حالت ہو گئی ہے، کیا تم کسی موذی مرض میں مبتلا ہو گئے ہو؟ ہم نے ایک آہِ سرد کھینچ کر کہا، نہیں یار! میں کسی مرض ورض میں مبتلا نہیں ہوں بلکہ بات دراصل یہ ہے کہ میں مشترکہ کرایہ کے مکان میں رہتا ہوں!"

۱۴

افسانہ در افسانہ

رات کا ایک بج چکا ہے۔ میں ہوں، میری تنہائی ہے۔ اور میں جاگ رہا ہوں۔ مجھے ریڈیو کے لئے افسانہ لکھنا ہے۔ میں ابھی کسی نتیجہ پر نہیں پہنچ سکا ہوں کہ اب کی بار کس قسم کا افسانہ لکھوں؟ مزاحیہ افسانہ لکھوں یا رنج و الم میں ڈوبا ہوا؟ میں مسلسل سوچے جا رہا ہوں۔ مجھ میں کائنات کا سارا کرب سمٹ آیا ہے۔ یہی تخلیق کا کرب ہے۔ اب ضرور کوئی اچھا سا افسانہ جنم لے گا اور اس کے ساتھ ہی میں سکون اور اطمینان کا سانس لے سکوں گا۔ مگر یہ کیا؟ —— پہلو میں کس نے چٹکی لی؟ —— اچھا! آپ ہیں حضرت کھٹمل! صورت سے بڑے شریف دکھائی دیتے ہیں۔ یہ ان کا ساتواں حملہ ہے۔ میں ان حضرت کی جانب متوجہ ہو گیا ہوں۔ تخلیق کا کرب نہ جانے کدھر غائب ہو گیا ہے؟ کھٹمل کی ایذا رسانی مجھ پر غلبہ پاتی جا رہی ہے۔ یوں بھی ایک آدھ چھوٹے سے کھٹمل کی موجودگی کا احساس انسان میں ایک عجیب طرح کی سراسیمگی پیدا کر دیتا ہے اور اس کی سوچ کا دائرہ صرف کھٹمل کی ذات تک ہی محدود ہو کر رہ جاتا ہے۔ میرا حال بھی کچھ ایسا ہی ہے۔ مجھے یہ گمان سا ہونے لگا ہے کہ چھوٹے چھوٹے

۱۵

کھٹمل میرے جسم کے مختلف حصوں پر اِدھر اُدھر دوڑ رہے ہیں۔ لیکن جب میں انھیں تلاش کرتا ہوں تو ایک کا بھی پتہ نہیں چلتا۔ یہ کتنی عجیب بات ہے کہ کھٹمل ایک چھوٹا سا حقیر جاندار ہوتے ہوئے بھی انسان جیسی عظیم ہستی کے سارے وجود پر چھا جاتا ہے۔ اب ایک اور ذات شریف گنگناتے تشریف لا رہے ہیں۔ ان کی ایک ٹانگ بھی نہیں ہے۔ بڑے چالاک واقع ہوئے ہیں۔ ہر دفعہ بڑی ہوشیاری سے بچ جاتے ہیں۔ یہ ان کا گیارھواں حملہ ہے۔ میں نے اسے کاغذ سے اُڑا دیا ہے۔ کھٹمل اور مچھر تو چلے گئے اور جاتے جاتے میرے افسانے کا پلاٹ بھی لیتے گئے

او جانے والے ہوسکے تو لوٹ کے آنا

کتنا اچھا پلاٹ تھا ایک افسانے کا۔ کل گھر میں ڈی ڈی ٹی ——— چھڑک کر ان کھٹملوں اور مچھروں کا صفایا کرنا ہوگا۔ ان میں پہلی سی شرافت باقی نہ رہی۔ بڑے بے حیا اور سخت جان بنتے جا رہے ہیں۔ خیر ان کا صفایا کسی نہ کسی طرح ہو ہی جائے گا۔ مگر میرے افسانے کے پلاٹ کا کیا ہوگا؟ اب مجھے از سرِ نو سوچنا ہوگا۔ ہاں! خوب یاد آیا ——— رضوانہ کی کہانی خوب رہے گی۔ یہ کہانی کہاں ہوئی؟ یہ تو ایک حقیقت ہے لعلاس جیتی جاگتی کہانی کے سارے کردار میرے جانے پہچانے ہیں۔ مجھے کہانی کا ایک سرا مل گیا ہے۔ اب میں بڑی آسانی سے اس کہانی کے تانے بانے بُن سکوں گا ——— لیکن بیچ میں یہ بکری کی "میں، میں" کہاں سے آگئی؟ شائد ہمارے پڑوسی نے روز کی طرح آج بھی بکری کو چارہ نہیں ڈالا۔ اس میں بکری کا کوئی قصور نہیں۔ قصور تو ہمارے پڑوسی کا ہے جس نے بکری پالی۔ بکری کو صرف وہی شخص پالے جسے کوئی اور غم نہ ہو۔ یہ کہاں کی شرافت ہے کہ بکری پالے کوئی، اور غم سارے محلے والوں کے حصّہ میں آئے، جب کہ محلّے کا ہر فرد غم کے مدارج سے گزر کے تصویرِ غم کا نمونہ بن چکا ہے۔

۱۶

یہ بکری دوسری بکریوں سے بالکل مختلف ہے۔ یہ چارہ بھی کھاتی ہے اور کھانا، سالن، روٹی وغیرہ بھی تناول فرما جاتی ہے۔ مختصر یہ کہ یہ "دیجیٹرین" بھی ہے اور "نان ویجیٹرین" بھی۔ اس میں بکری کا کوئی قصور نہیں۔ سارا قصور تو مالک کا ہے جس نے اس کی عادت بگاڑی۔ محلے والے اُسے "بربری" اور "چرچری" کے نام سے پکارتے ہیں۔ اس بکری کو محلے کے بچوں پر رعب جمانا بھی خوب آتا ہے۔ جب بھی وہ کسی بچے کو گلی میں کوئی چیز کھاتا دیکھ لیتی ہے تو فوراً اپنی اگلی ٹانگوں کو اُٹھائے حملہ آور کے سے انداز میں بڑھتی ہے۔ اس وقت بچے کی خیریت اسی میں ہوتی ہے کہ وہ اپنی ساری کی ساری چیز بکری کے حوالے کر دے۔ بعض بچے تو اس سے اتنے مرعوب ہو گئے ہیں کہ اُسے دیکھتے ہی بچتے بچتے ہو کر اپنی ساری چیزیں اس کے سامنے چھوڑ جاتے ہیں۔ اس طرح وہ اپنی اگلی ٹانگیں اُٹھانے کی زحمت سے بھی بچ جاتی ہے۔ اب تو وہ پوری طرح "داداگری" پر اُتر آئی ہے۔ چنانچہ اس کی ایسی ہی حرکتوں سے تنگ آکر ایک بار ایک لڑکے کے والد نے اس کے مالک سے شکایت کی تھی کہ "جناب! آپ کی بکری بچوں کو باہر کھڑے کھڑے کوئی چیز کھانے کا موقع نہیں دیتی!" اس پر بکری کے مالک نے مسکراتے ہوئے کہا تھا "ٹھیک ہی تو کرتی ہے ہماری بکری۔ وہ انسانی بچوں کو کھانے کے آداب سکھا رہی ہے۔ آپ کو تو خوش ہونا چاہیے!"——

فریقِ ثانی پر اس جواب کا جو اثر ہوا ہوگا، اس کا اندازہ آپ خود لگا سکتے ہیں۔

ہمارا گھر بھی اس بکری کی شرارتوں سے متاثر ہوتا رہا ہے۔ کل کا واقعہ کچھ کم اہم نہیں ہے۔ اس کا غم ابھی تازہ تازہ ہے۔ صبح کا وقت تھا۔ ناشتہ دسترخوان پر چن دیا گیا تھا۔ صرف ہاتھ دھو کر دسترخوان پر بیٹھنے کی دیر تھی۔ اتنے میں وہ چھلاوہ کہیں سے یوں دندناتی آئی جیسے کوئی بمبار طیارہ آسمان کی وسعتوں

۱۷

سے اچانک نمودار ہو کر بمباری کرنے چلا ہو۔ ہمارے گھر والوں کے متوجہ ہونے ہونے تک وہ ساری چپاتیاں، خشکہ، سالن وغیرہ تناول فرماگئی اور جاتے جاتے منہ کا مزا بدلنے کے لئے اس نے پھولوں کے پودوں پر جو منہ مارا تو سارے گملے ٹوٹ گئے۔ جب ہم نے اپنے پڑوسی سے اس بات کی شکایت کی تو کہا کہ "جناب! اس میں خفا ہونے کی کیا بات ہے؟ ہم اپنی بکری آپ کے گھر میں دو تین دن کے لئے باندھ دیں گے۔ آپ اس کی مینگنیاں جمع کر لیجئے اور کھاد کے طور پر ان مینگنیوں کو بیچ کر اپنے نقصان کی پابجائی کر لیجئے۔"۔۔۔۔۔ یہ جواب سن کر ہمارے تن بدن میں آگ لگ گئی تھی۔ کیا ہی اچھا ہوتا بکری اپنے مالک کو جدائی کا غم دے جاتی!

میں بات رضوانہ کی کر رہا تھا۔ بیچ میں یہ بکری کدھر سے آگئی۔ وہ اگر اپنی "میں میں" کے ذریعہ صدائے، حتیاج بلند نہ کرتی تو شائد ہی میرا دھیان اس کی طرف جاتا۔۔۔۔۔ ایک رضوانہ بھی تھی جو زبان رکھتے ہوئے بھی احتیاج کی صدا بلند نہ کر سکی وہ ایک غیر ملکی اجنبی کے ساتھ بیاہی گئی۔ وہ خوبصورت تھی۔ وفا شعار تھی۔ نیک طینت تھی۔ خدمت گزار تھی۔ لیکن اس کے باوجود اس کا قصور صرف اتنا تھا کہ اس نے ایک غریب خاندان میں جنم لیا تھا۔ اس کے والدین اس قابل نہیں تھے کہ وہ ہونے والے داماد کو جوڑے کی رقم اور جہیز دے سکیں۔ یہاں کے کسی نوجوان میں اتنی ہمت نہیں تھی کہ آگے بڑھ کر یہ بولے کہ "مجھے جوڑے کی رقم اور جہیز کی ضرورت نہیں ہے۔ مجھے تو ایک گھر اور سلیقہ مند لڑکی چاہیئے۔ میں رضوانہ کا ہاتھ تھام لینا چاہتا ہوں"۔۔۔۔۔ لوگ کہتے ہیں کہ اس اجنبی نے رضوانہ کے والدین کو پانچ ہزار روپے بھی دیئے تھے۔ ہاں! دیئے ہوں گے۔ دولت کی فراوانی کیا کیا نہیں کرواتی۔

۱۸

رضوانہ چلی گئی۔ ایک ایسے نوجوان کے ساتھ جس کی زبان نہ وہ جانتی تھی اور نہ اس کا دولہا اس کی زبان جانتا تھا۔ دنیا والوں نے یہ عجیب و غریب رشتہ طئے کیا تھا۔ دو گونگوں کا رشتہ۔ اب پھر وہ اس شہر میں کیوں آئے گی۔ کون لائے گا اُسے۔ وہ کس سے یہ کہہ سکے گی کہ اس نے اپنی شادی کے ابتدائی ایام انتہائی بے بسی و بے زبانی میں کاٹے ــــ یہ ایک رضوانہ کا مسئلہ نہیں ہے ــــ مگر یہ گانے کی آواز کیسی ہے؟ــــ "آج میں جوان ہوگئی ہوں"ــــ میرے خیالات کا تسلسل ٹوٹ گیا ہے۔ ابھی تو مجھے بہت کچھ لکھنا تھا۔ مگر ہوٹل والوں کو رات کے دو بجے ریکارڈنگ کی سوجھی ہے۔ ان سے کون کہے کہ یہ ریکارڈنگ کا وقت نہیں ہے۔ ان لوں کو کچھ دیر کے لئے تو آرام کر لینے دو ــــ دوسرا ریکارڈ بج رہا ہے ــــ "زیشاں جوان ہوگئی"ــــ اب مجھ سے لکھا نہیں جاتا۔ بہتر یہی ہے کہ اس افسانے کو کسی اور وقت کے لیے اُٹھا رکھوں!!!

۱۹

سفید شہر

شہر حیدرآباد سے کوئی ستر میل کے فاصلہ پر مشرق کی جانب ایک چھوٹا سا گاؤں ہے۔ یہی ہمارا وطن مالوف ہے۔ اس کی ایک اہم خصوصیت یہ ہے کہ آبادی سے کوئی چھ، سات فرلانگ کے فاصلہ پر زمین کے ایک بہت بڑے رقبہ پر سیندھی کا بن پھیلا ہوا ہے۔ اگر میں اس بن کو شہر حیدرآباد کے پرانے شہر والوں کی اصطلاح میں "سفید شہر" کہوں تو کوئی حرج نہیں۔ پرانے شہر والے اس چار دیواری یا کمپاؤنڈ کو "سفید شہر" کے نام سے پکارتے ہیں جہاں بیٹھ کر سیندھی پی جاتی ہے۔ یوں معلوم ہوتا ہے کہ "سفید شہر" والی اصطلاح ضرور کسی جدید شاعر نے گڑھی ہے جس کا مالی موقف کمزور ہونے کی وجہ سے کسی اعلیٰ قسم کے بار میں شراب پینے کی بجائے کمپاؤنڈ میں سیندھی پیا کرتا تھا۔ یوں بھی ہر شاعر کا مالی موقف کمزور ہی ہوتا ہے۔ ورنہ سوچیے کہ سیندھی اور شراب پینے والوں کو پیچھے سے اتنی فرصت کہاں کہ وہ اصطلاحوں میں سوچیں اور اصطلاحیں گڑھیں!

ہاں تو میں یہ کہہ رہا تھا کہ ہمارے گاؤں کے قریب جو "سفید شہر" آباد

ہے، وہ ہر آنے جانے والے کو روکتا ہے۔ خاص طور سے جھاڑوں کی جوانی پینے والوں کے قدم تو یہاں آتے ہی من من بھر کیا کنٹل کنٹل بھر کے ہو جاتے ہیں۔ یہاں زیادہ بھیڑ بھاڑ بھی نہیں رہتی۔ چھپ کے پینے کے لیے موزوں ترین مقام ہے۔ اسی لئے گرما کے موسم میں شیخ اور لیڈر اکثر یہاں نظر آجاتے ہیں۔ اگر کوئی ان سے پوچھے کہ "حضرات! آپ معززین! ادھر کدھر!" تو جواب ملے گا "نیرا پینے آئے ہیں" اور ان کے جانے کے بعد ہی نیرا سیندھی میں تبدیل ہوکر حرام کی تعریف میں آنے لگتا ہے۔ چنانچہ یہی وجہ ہے کہ گاؤں کی ہوشیار خواتین اپنے شوہروں کو اس "سفید شہر" کی سرحد ــــــ اپنی پناہ میں پار کروا آتی ہیں تاکہ شیخ اور لیڈر کو پیتے دیکھ کر ان کے شوہروں کی نیت بھی ڈانواں ڈول نہ ہو جائے۔ اگر بالفرض میاں اور بیوی ایک ہی کشتی کے سوار ہوں تو ذمہ داری اولاد کو پوری کرنی پڑتی ہے۔

ہمیں بھی دو تین بار اس "سفید شہر" میں ــــــ FOR THE SAKE OF COMPANY جانے کا اتفاق ہوا تھا۔ پینے کے لئے نہیں۔ صرف پکوڑے اور مرچیاں کھانے کے لئے۔ چونکہ ہم وہاں کے مسلک سے ہٹے ہوئے تھے، اس لئے ہمیں دیکھتے ہی کہا گیا تھا کہ یہاں "یہ ناپاک کیوں آگیا ہے؟" حالانکہ ہم اس وقت باطہارت اور باوضو تھے۔ حد ہوگئی جب ایک بار ایک آدمی کا سفید شہر میں سیندھی پیتے پیتے انتقال ہوگیا تو اس کے دوستوں نے خوش ہوکر کہا تھا کہ "چلو اچھا ہوا مر گیا! جہاں کی خاک وہیں آ پہنچی۔"

پانچ سال کے بعد پرسوں پھر ہمیں اپنے وطن مالوف کو جانے کا اتفاق ہوا۔ حسن اتفاق سے شہر کے ایک دوست جناب واحد کلام، جو استاد سخن کہلاتے ہیں، ہمارے ساتھ تھے۔ ان کا جگر، شہر میں گورکھا کام کل شدہ سیندھی

۲۱

پیتے پیتے اس حد تک متاثر ہو گیا تھا کہ وہ "زرد شاعری" کرنے لگے تھے۔ وہ ہمارے ساتھ محض اس لیے ہو گئے تھے کہ گاؤں کے درختوں کی خالص جرانی "پینے کے بعد شائد دنیا انھیں پھر سے ہری بھری نظر آئے۔

بعد طے مسافت جب ہم گاؤں کے قریب پہنچے تو توقع کے مطابق واحد کلام کے قدم "سفید شہر" کے قریب رک گئے۔ تب ہم نے انھیں سمجھایا کہ "دیکھو واحد کلام! ابھی اس علاقہ کے مینجمنٹ اور ورکنگ اسٹاف کے آنے میں بہت دیر ہے۔ اس لیئے کیوں نہ ہم پہلے گھر ہو آئیں۔ اور یوں بھی "سفید پانی" کوئی یونانی دوا تو نہیں جو خلوئے معدہ استعمال کیا جائے!" واحد کلام اپنے دیرینہ تجربہ کی بنا پر بولے "خلوئے معدہ پینے سے بھوک جم کر لگتی ہے"۔ چونکہ ہمیں اپنے ایک معزز مہمان کی دل شکنی منظور نہ تھی، اس لیے دو گھنٹے کے لئے اپنا پڑاؤ وہاں ڈال دیا۔

وہاں رکتے ہی واحد کلام کی نظریں درختوں پر بندھے خُم کی جانب اٹھ گئیں جسے دیہات کی زبان میں "لُٹی" کہا جاتا ہے۔ اور وہ بڑی دیر تک ٹکٹکی باندھے کھڑے دیکھتے رہے۔ پھر انھیں پتہ نہیں کیا یاد آیا کہ حوائج ضروری سے فارغ ہونے کے بہانے وہ کہیں چل دیئے۔ تھوڑی دیر بعد ہماری جو نظر پڑی تو کیا دیکھتے ہیں کہ موصوف آنکھ بچا کر خُم کو سیندھی کے درخت سے کھولنے کی تیاری کر رہے ہیں۔ وہ ہم سے "ایک چیخ" کے فاصلہ پر کھڑے تھے۔ ہم نے چیخ کر کہا "جناب واحد صاحب! جناب کلام صاحب! آپ یہ کیا کر رہے ہیں؟ یہ سلف سروس (SELF SERVICE) کچھ اچھی نہیں"! انہوں نے بڑے جوش سے کہا۔ شاعر کہہ گیا ہے۔ ؎

"جو بڑھ کر خود اٹھا لے ہاتھ میں مینا اُسی کا ہے"۔

ہم نے تھوڑی سی تحریف فرمائی، "مینا" نہیں ـــ "لُٹیا" کہو! پھر ہم نے انھیں متنبہ کیا کہ "یہ بیچ ہے کہ شاعر کہہ گیا ہے۔ مگر اتنا یاد رکھو اگر ساقی نے دیکھ لیا تو وہی "لُٹیا" ہمارے گلوں میں لٹکا کر گاؤں میں گشت کروائے گا۔ اس وقت ہماری مدد کے لئے کوئی شاعر آئے گا اور نہ اُس کی شاعری۔ خدا کے لئے کچھ تو حقیقی ساقی اور شاعری کے ساقی میں فرق کرو!"

واحد کلام نے ہماری لاج رکھ لی۔

اتنے میں سفید شہر کے درکنگ اسٹاف کے دو تین ملازمین وہاں آپہنچے گُم درختوں سے بکھرے گئے۔ آرڈر کی تکمیل شروع کر دی۔ واحد کلام کے آگے ایک خُم رکھ دیا گیا۔ مگر جام اور ساقی کی فراہمی کا مسئلہ حل طلب تھا۔ یہ کوئی شہر کا BAR (بار) تو نہیں تھا کہ ہر قسم کی سہولت میسر ہو۔ واحد کلام بڑے پریشان سے تھے۔ اسی اثنا میں گاؤں کے دو تین آدمی اپنی پیاس بجھانے کے لئے وہاں آپہنچے۔ ان میں سے ایک کی مونچھیں بڑی تھیں اور بڑی بھی اتنی کہ وہ اُس کے دونوں ہونٹوں کو کوَر (COVER) کی ہوئی تھیں۔ اس مونچھ والے نے فوراً پلاس کے درخت کا ایک پتا توڑا۔ اُس کا چُلّو بنایا۔ بائیں ہاتھ میں چُلّو، سیدھے ہاتھ میں خُم۔ اور پھر دیکھتے ہی دیکھتے سیندھی چلّو میں سے بہتی اور مونچھوں سے چھنتی اس کے حلق میں اُترنے لگی۔ جیسے ہی اُس نے پہلا ڈوز (DOSE) ختم کیا ایک زوردار پھونک ماری۔ ساتھ ہی مونچھوں کو لگا جھاگ اور کچرا ہوا میں اڑ گئے۔ واحد کلام نے اپنی زندگی میں پہلی بار پتے کو جام بنتے اور مونچھوں کو چھننی کے طور پر استعمال ہوتے دیکھا۔ اسی کو کہتے ہیں اپنی مدد آپ۔ لیکن ہمارے دوست واحد کلام اس قسم کی سیلف سروس (SELF SERVICE) سے بالکل ناآشنا تھے۔ تاہم اُنھوں نے اس عمل کو دہرانے کا ارادہ کر لیا۔ بکسان کی سب

۲۴

سے بڑی مجبوری یہ تھی کہ ان کے چہرہ پر "چھلنی" نہیں تھی البتہ بال کافی بڑے تھے۔ کیا ہی اچھا ہوتا وہ اگر بال بڑھانے کی بجائے مونچھ بڑھاتے تو آج انھیں کتنی سہولت حاصل رہتی۔ خیر!

جیسے ہی واحد کلام نے پتے کے چلو کو ہونٹوں سے لگا کر خُم کو جُھکایا تو پریکٹس (PRACTICE) نہ ہونے کی وجہ سے سینڈھی اچانک اُن کی ناک کے نتھنوں میں گھس گئی۔ ایک زوردار اُچھو لعد ایک جھنا کے کی چھینک۔ اگر ہم فوراً خُم تھام نہ لیتے تو یہ بات صادق آتی ـــــ "پیا کھایا کچھ نہیں۔ لٹے چھوڑا بارہ آنے!" ہم کو واحد کلام کی بے بسی پر بڑا رحم آرہا تھا۔ مگر کرتے کیا۔ ہم بھی تو اس معاملہ میں بالکل کورے تھے۔ اسی وقت ہمارے ذہن میں ایک ترکیب آگئی۔ فوراً ہم نے پلاس کے پتے کی ایک قیف بنائی۔ واحد کلام کو چت لیٹ جانے کو کہا۔ جب وہ طوعاً وکرہاً لیٹ گئے تو ان کے منہ میں پتے کی قیف رکھی۔ سینڈھی کو چھاننے کے لئے قیف کے اوپر اپنی دستی کو جمایا۔ جب اتنا سارا اہتمام ہو چکا تو ہم نے خُم کو جھکایا۔ سینڈھی دستی میں سے چھنتی ہوئی بڑی آسانی سے ہمارے دوست کے حلق سے اُترنے لگی۔ واحد کلام نے اپنا سر دائیں بائیں ہلا کر اپنے مقررہ ڈوز (DOSE) کے پورے ہونے کی تصدیق کی۔ ہم نے اپنا ہاتھ روک لیا۔ اس کے بعد وہ اٹھ بیٹھے اور کچھ عجیب سا منہ بناتے بولے "یار! اس سینڈھی میں سے تو پسینہ کی بو آرہی ہے۔ شاید یہ تمہاری پسینہ بھری دستی کا اثر ہو!" ہم نے ان کی خدمت میں باادب عرض کیا کہ "حضور! یہ کوئی تمہاری محبوبہ کی دستی نہیں کہ جس سے سینٹ کی بو آئے۔ ویسے اگر محبوبہ کی دستی بھی استعمال کی جاتی تو اس سے بھی پسینہ ہی کی بو آتی۔ یوں بھی تم نے ابھی صرف پہلا پیگ چڑھایا ہے اس لئے اچھے اور بُرے کی تمیز

۲۴

کرپایا ہے ہے۔ لیکن جب سیندھی سر چڑھ کر بولنے لگے گی تو اچھے اور بُرے کا احساس جاتا رہے گا!"

واحد کلام ہمارے اس ریمارک پر بے حد محظوظ ہوئے۔ اب تو ان کی آنکھوں میں ایک قسم کی چمک آگئی تھی۔ ایک گھنٹے کے عرصہ میں ہم نے ملا خُم خمل تفنظیر کے ذریعہ خالی کیا۔ واحد کلام خوب سیراب ہوگئے۔ جب ہم گاؤں کی طرف بڑھ رہے تھے تو واحد کلام کے قدم بُری طرح لڑکھڑا رہے تھے بڑی مشکل سے گھر پہنچ سکے۔

اس روز رات میں گاؤں میں "بھاگوت" کھیلا جانے والا تھا۔ "بھاگوت" دراصل ڈرامہ ہی کی ایک شکل ہے۔ مگر اس میں صرف مرد ہی سارے رول ادا کرتے ہیں۔

رات کے دس بج چکے تھے۔ بھاگوت کی ساری تیاریاں مکمل ہو چکی تھیں۔ اُس رات جو بھاگوت کھیلا جانے والا تھا وہ "سفید شہر" کے مینجمنٹ کی مہربانیوں کا نتیجہ تھا۔ اُس روز اُس مینجمنٹ نے فن کاروں کے ساتھ کافی رعایت کی تھی اور پلائی بھی خالص تھی۔ معاوضہ بھی ٹھیک سا دیا تھا۔

کھیل شروع ہونے میں چند ہی منٹ باقی تھے۔ ہمارے دوست واحد کلام ہمارے بازو کرسی پر بیٹھے پردہ اٹھنے کا انتظار کر رہے تھے ادھر ہم ماہ نامہ "شگوفہ" کی مجلس ادارت کا حق ادا کرنے کے لیے "بھاگوت" کا آنکھوں دیکھا حال لکھنے کی تیاری کر رہے تھے۔ آخر پردہ اُٹھا۔ منتری جی تشریف لائے۔ ان کے بات کرنے اور قدم اُٹھانے کے انداز یہ بتا رہے تھے کہ کچھ زیادہ ہی چڑھائے ہوئے ہیں۔ ہمارے دوست واحد کلام علاقائی زبان سمجھنے سے معذور تھے۔ منتری جی جس شیروانی میں ملبوس تھے

۲۵

وہ سائز میں بہت بڑی تھی اور کہنیوں کے پاس ایک دو جگہ پھٹی ہوئی تھی اور اس پہ طرفہ تماشہ یہ کہ شیروانی کے بٹن اپنے صحیح مقام پر نہیں لگے تھے تماشہ بین سے چپ نہ رہا گیا۔ ایک نے ہانک لگائی "ارے بٹن سیدھے لگا!" کوئی دوسرا چیخا "ارے! کس کی سیکنڈ ہینڈ مانگ کے لایا رے!" تیسرے نے صدا بلند کی "ارے پھٹ گئی تو جورو سے سلانا نہیں؟" منتری جی کچھ سٹ پٹا سے گئے۔ سارا کرو فر جاتا رہا۔ چہرہ سے پسینہ پونچھنے کے لئے فوراً شیروانی کا دامن اُٹھایا۔ کسی منچلے نے جملہ کسا "ارے دامن چھوڑ! دستی نکال!" منتری جی بوکھلا کر پردے کے پیچھے چلے گئے۔

اب مہاراج کی آمد کا اعلان ہوا۔ پردہ اُٹھا۔ مہاراج کی سواری برآمد ہوئی۔ چاند خان پٹیل کی دی ہوئی شیروانی۔ رام ریڈی پٹواری سے مانگی ہوئی دھوتی۔ ہاتھ میں لکڑی کی تلوار۔ سر پر مقوے کا تاج جس کے دونوں سرے "سُتلی" سے باندھے ہوئے تاکہ ضرورت پڑنے پر کسی دوسرے آرٹسٹ کے سر کے سائز کے مطابق چھوٹا یا بڑا کیا جاسکے۔ گویا اُس تاج کی حیثیت شاعر کے کہے ہوئے اُس ایک سہرے کی سی تھی جو مختلف شادیوں کے موقعوں پر تھوڑے سے ردّ و بدل کے ساتھ سنایا جاتا ہے۔ مہاراج نے آتے ہی مہارانی کو طلب کیا۔ مہارانی پردہ کے پیچھے کھڑی بیڑی پی رہی تھیں۔ مہاراج کی آواز پر مہارانی نے جھٹ جھٹ بیڑی کے دو تین کش کھینچے اور دھواں پھونکتی ہوئیں باقی ماندہ بیڑی پردہ کے پیچھے کھڑے ہوئے منتری جی کے حوالے کیا۔ اب منتری جی جھوٹی بیڑی کے کش لگا رہے تھے۔ مہارانی کے اسٹیج پر آتے ہی ہمارے دوست واحد کلام کرسی پر سنبھل کر بیٹھ گئے۔ اور آنکھوں سے ایکس ریز کا کام لیتے ہوئے بولے "ارے یار! اس کی نس نس سے تو جوانی چھوٹ رہی ہے!" ہم نے کہا "قبلہ! کچھ تو عورت

۲۶

عورت مرد میں تمیز کرنا سیکھو! وہ عورت نہیں بلکہ عورت کے میک اپ میں مرد ہے اور اس وقت اُس کی نس نس سے جوانی نہیں سینڈ می پھوٹ رہی ہے!۔۔

اس ریمارک کے بعد ہمارے دوست کو جماہیاں آنے لگیں۔ اب انھیں کھیل میں کوئی دلچسپی باقی نہیں رہی تھی۔ مگر ہم کو دلچسپی برقرار رکھنا ضروری تھا تاکہ "آنکھوں دیکھا حال" کی تکمیل ہو سکے۔

اب انتہائی اہم سین پیش کیا جانے والا تھا۔ سین کے مطابق ایم راج کو اپنی سواری پر بیٹھ کر تشریف لانا تھا اور پھر مہاراج کی روح قبض کرنی تھی۔ سین شروع ہوا۔ مہاراج، مہارانی کے زانو پر سر رکھ کر لیٹ گئے۔ میاں بیوی کی جُدائی کے منظوم مکالمے طبلہ اور ہارمونیم کی لَے پر گائے جانے لگے آواز میں بلا کا درد اور سوز۔ ادھر تماشا بین میں خواتین پر بلا کی رقّت طاری۔ اتنے میں خواتین میں سے کسی بھولے بچے کے رونے کی آواز بلند ہوئی۔ کسی ہمدرد نے پکارا "ارے بچہ رو رہا ہے منہ میں نپّل دو!"

چند قہقہے بلند ہوئے۔ کھیل میں غیر ضروری خلل کو پیدا ہوتا دیکھ کر مہارانی نے اس عورت کی طرف دیکھا جس کا کہ بچّہ رو رہا تھا۔ وہ عورت اسٹیج سے کسی قدر قریب ہی بیٹھی آنسو بہا رہی تھی۔ مہارانی نے عورت کو قدرے ڈانٹتے ہوئے کہا "تم کیا رو رہی ہو ماں! پہلے بچہ کو دودھ پلاؤ!" پھر مہارانی نے اپنی ایکٹنگ کی طرف متوجہ ہو کر مسلسل بین کرنا شروع کیا۔ اس موقع پر ایم راج کو فوراً اسٹیج پر پہنچ جانا چاہیے تھا۔ مگر ایم راج کا کوسوں پتہ نہ تھا۔ ادھر مہاراج جو کبھی کے مرحوم ہو چکے تھے شائد اکتا گئے تھے۔ موقع پا کر انھوں نے رانی کے زانو سے اپنا سر اُٹھا کر ایم راج کو اِدھر اُدھر دیکھا اور پھر تماشہ بین کی ہوٹنگ کے خوف سے فوراً آنکھ بند کر کے لیٹ گئے۔

مگر اب کی بار ان کا سر بجائے مہارانی کے زانو پر ٹکنے کے تخت سے ٹکرایا اور ایک "کھٹ" کی سی آواز سنائی دی۔ کیوں کہ مہاراج کے سر اُٹھاتے ہی مہارانی نے اپنا پہلو بدلا تھا۔ تب مہاراج نے غصہ سے مہارانی کی طرف دیکھا۔ مہارانی بولیں، "ارے تجھے اپنے سر کی پڑی ہے۔ ادھر میرا پاؤں سُن ہو گیا ہے!" اُسی وقت پردہ کے پیچھے سے ڈائریکٹر نے ڈانٹا "ارے کم بختو! ڈرامے کے ڈائیلاگ بولو!" یہ سُنتے ہی مہاراج نے فوراً مہارانی کے پاؤں اپنی طرف کھینچے اور زانو پر اپنا سر رکھ دیا۔ مگر ایم ماج کا اب تک پتہ نہ تھا۔ دریافت پر معلوم ہوا کہ انہیں جس بھینسے پر بیٹھ کر آنا چاہیئے تھا وہ رسی تڑا کر کہیں بھاگ گیا تھا۔ بھینسے کی تلاش شروع ہوئی۔ تو وہ اپنی محبوبہ کے پاس کھڑا عشق فرماتا پکڑا گیا۔ مگر وہ اپنی محبوبہ کے بغیر کسی طرح اسٹیج کی طرف آنے کے لیئے راضی نہ ہوتا تھا۔ اور اس کی محبوبہ بغیر چارہ کھائے اسٹیج کی طرف چلنے کے لیئے راضی نہ تھی۔ آخر کار ہری گھاس کا بنڈل منگوایا گیا۔ سامنے گھاس کا بنڈل پکڑے ایک آدمی۔ اُس آدمی کے پیچھے بھینس اور بھینس کے پیچھے بھینسا۔ محاورہ کی تکمیل کے لیئے صرف بین کی کمی رہ گئی تھی۔ کچھ دور چلنے کے بعد بھینسے کا دل اچانک بھینس کی بجائے گھاس کے بنڈل پر آ گیا۔ وہ بھینس کو دھکا دے کر گھاس کی طرف یوں لپکا جیسے آج کل نوجوان، لڑکی کے بجائے جہیز اور گھوڑے جوڑے کی رقم کی طرف لپکتے ہیں۔ بھینسا گھاس کی طرف لپک کر انسانوں کو یاد دلایا کہ بھوک کے آگے محبت کی کوئی حقیقت نہیں۔ مگر وہ بھینس بھی کچھ کم نہیں تھی۔ ماڈرن بھینس تھی، ماڈرن بھینس! اور گھاٹ گھاٹ کا پانی پی ہوئی تھی۔ اس نے بھی کچھ اس طرح لڑنا شروع کیا جیسے آج کل کے سڑک چھاپ فرہادوں سے نمٹنے کے لیئے ماڈرن لڑکیاں "جوڈو" اور "کراٹے" کا فن استعمال کرتی ہیں۔ اتنے میں تماشہ بین

میں ایک ہڑبونگ سی مچ گئی۔ اس ہڑبونگ میں پیڑومیکس ٹنگے ہوئے کھمبے کو دوتین دھکے لگے۔ اب پیڑومیکس نے آنکھ مارنا شروع کیا اور کچھ دیر بعد اس نے اپنی اکلوتی آنکھ بالکل ہی بند کرلی۔ ہم اور واحد کلام اندھیرے میں ایک دوسرے سے ٹکراتے کسی طرح گھر پہنچے اور گھوڑے بیچ کر سوتے رہے۔

صبح جب بیدار ہوئے تو ہمارے دوست واحد کلام کی زبان پر اسی "سفید شہر" کا ذکر تھا اور بڑے مزے لے لے کر سینڈھی کی تعریف کر رہے تھے۔ ہم نے چڑکر کہا "یار! تم کس سفید شہر کا ذکر کرتے ہو۔۔۔ وہ سفید شہر نہیں کالا شہر ہے۔ اسی سفید شہر کی بدولت کتنے ہی ایسے فنکار جن سے بڑی بڑی اُمیدیں وابستہ تھیں، وقت سے پہلے" شہر خموشاں" میں جا بسے اور اپنے متعلقین کے لئے دنیا تاریک کردی۔ رات میں تم نے دیکھا نہیں کہ ڈرامہ محض اس لئے ناکام ہوگیا تھا کہ سارے کے سارے فنکار سفید شہر ہو گئے تھے۔ تم بھی ایک بہت بڑے فنکار اور قوم کا سرمایہ ہو اور تم سے بھی بہت ساری اُمیدیں وابستہ ہیں۔ اب تم عہد کرو کہ آئندہ سے تم کبھی سفید شہر کا رُخ نہ کرو گے۔ یہ کوئی حکم نہیں بلکہ ایک دوست کی التجا ہے"۔ بڑی مشکل سے واحد کلام نے اثبات میں اپنا سر ہلا یا۔

تیسرے دن ہم شہر واپس ہو رہے تھے۔ پھر ایک بار ہمیں اسی سفید شہر کے پاس سے گزرنا تھا۔ مگر میں نے یہ دیکھا کہ جوں جوں سفید شہر دور ہوتا جارہا تھا واحد کلام کے لئے قدم اٹھانا دوبھر ہو رہا تھا۔ ایکبارگی چلتے چلتے میں نے پلٹ کر دیکھا تو یوں لگا جیسے سفید شہر ایک مقناطیسی قطب بن کر واحد کلام کو اپنی طرف کھینچ رہا ہو۔ یا وہ خود اس کی جانب کشاں کشاں اُلٹے قدم یہ کہتے بڑھ رہے ہوں ـــــــ وہ توبہ کیا جو نہ ٹوٹے!

▲▲

۲۹

مدیر شگوفہ اور سیکنڈ ہینڈ اسکوٹر

ایک دن صبح صبح "شگوفہ" کے کاتب نے باتوں باتوں میں یہ شگوفہ چھوڑا کہ مدیر "شگوفہ" ایک عدد اسکوٹر کے مالک بن گئے ہیں۔ میں نے اس بات کو "کتابت کی غلطی" ہی کی طرح کی کوئی بات سمجھ کر ایک کان سے سنا اور دوسرے کان سے اُڑا دیا۔ کیوں کہ ایک دن پہلے جب ان سے ملاقات ہوئی تھی تو ان کے پاس وہی کھٹارا سیکل موجود تھی جسے وہ گزشتہ تین چار برسوں سے پنکچر بناتے، "ٹائر، ٹیوب بدلتے اور خطرے کے وقت "ہٹو، بچو" اور "شش، ششش" کی آوازیں نکالتے یوں برداشت کرتے چلے آرہے تھے جیسے کوئی مطیع و فرماں بردار شوہر اپنی بدصورت و بیمار مگر تندمزاج بیوی کی موجودگی میں کسی دوسری عورت کی طرف آنکھ اُٹھا کر دیکھنے کی جسارت نہ کرتا ہو۔ اگر کاتب یہ سناتا کہ مدیر شگوفہ ہر ماہ پابندی سے مزاحیہ رسالہ "شگوفہ" نکالنے اور مزاحیہ ادب کو ترقی دینے کے شوق میں پانچ ہزار روپیوں کے مقروض ہو کر مکان میں روپوش ہو گئے ہیں تو میں اس بات پر یقین کامل کر لیتا اور یہ بات بڑی حد تک قرین قیاس بھی ہوتی۔ کیوں کہ آج کے دور میں اردو کے خالص ادبی پرچے نکالنے والوں کا یہی

نے یہی انجام دیکھا ہے۔ لیکن کاتب کا یہ کہنا کہ مدیرِ شگوفہ "اسکوٹر نشین بن گئے ہیں" حیرت و استعجاب میں غرق کر دینے والی بات تھی۔ یہ بات ایسی ہی تھی جیسے کوئی شخص رات میں سوتے وقت تو بھلا چنگا ہو لیکن صبح جاگنے پر اس کے دوستوں کو یہ پتہ چل جائے کہ اس کی جنس تبدیل ہو گئی ہے۔ اچانک میرے ذہن میں یہ خیال بجلی کی طرح کوند گیا کہ شاید مدیرِ شگوفہ کو گھوڑوں کی ریس میں "جیک پاٹ" نکل آیا ہو، اور انہوں نے اس رقم سے اسکوٹر خرید لی ہو۔ یہ خیال مجھے مطمئن کرنے کے لیے کافی تھا۔ میں اپنے دل میں رشک اور شوقِ دید کے ملے جلے جذبات لیے ان کے گھر پہنچ گیا۔ آثار یہ بتاتے تھے کہ اسکوٹر خریدی جا چکی ہے۔ مکان کے بابِ الداخلہ کے چوکھٹ پر اسکوٹر کو لانے اور لے جانے کے لئے طیران گاہ کے "رن وے" کی طرح سمنٹ کا نیا نیا ایک چھوٹا سا "اسکوٹر وے" بنا ہوا تھا۔ ٹائروں کے دو ایک دھندلے سے نشانات بھی وہاں موجود تھے۔ اتنے میں پٹرول کی بو میں بسا ہوا ہوا کا ایک جھونکا میرے نیم خوابیدہ ذہن کو پوری طرح جگا گیا غرض یہ تمام آثار کسی نبــــــاناڑی قسم کے سراغ رساں کو اسکوٹر کی موجودگی کا اندازہ لگانے کے لیے کافی تھے۔ ان ضروری تحقیقات سے فارغ ہو کر میں نے دروازے پر دستک دی۔ مدیرِ شگوفہ برآمد ہوئے۔ چہرے کے روئیں روئیں سے گویا مسرت ٹپک رہی تھی بلکہ یوں کہنا زیادہ موزوں ہوگا کہ چہرے کے روئیں روئیں سے اسکوٹر ٹپک رہی تھی۔ یا یوں سمجھئے کہ وہ خود "مجسم اسکوٹر" بنے ہوئے تھے۔ میں انھیں دیکھتے ہی کہہ اُٹھا "اخاہ! کمال صاحب اسکوٹر مبارک ہو"!

اُنھوں نے حیرت سے پوچھا: "آپ کو کس طرح معلوم ہوا؟"

"آپ کے چہرے پر جو اسکوٹر کی علامتیں ہیں۔ یعنی میرا مطلب ہے کہ آپ کا چہرہ خود اس بات کی غمازی کر رہا ہے"!

۳۱

اُنہوں نے مسکراتے ہوئے کہا "ہاں! مَیں نے اسکوٹر خرید لی ہے. کالج کو جانے کے لئے. ایک لکچرار کو اپنی پوزیشن کا تھوڑا بہت خیال رکھنا ہی پڑتا ہے"۔

"لیکن اس میں اتنی رازداری کی کیا بات تھی. کبھی مَیں نے آپ کو ڈرائیونگ کی مشق کرتے نہیں دیکھا. کیا آپ نے ڈرائیونگ بھی انڈر گراؤنڈ رہ کر سیکھی ہے"؟

"بس کچھ ایسا ہی سمجھ لیجئے"۔

"مَیں نے اشتیاق بھرے لہجے میں پوچھا" کیا اسکوٹر کی رونمائی نہیں ہوگی؟"

وہ ہنستے ہوئے بولے "کیوں نہیں؟ ضرور! لیکن آپ میں تابِ نظارہ ہے"؟

"کیا میں اِسے دیکھتے ہی بے ہوش ہو جاؤں گا؟" مَیں نے حیرت سے پوچھا.

وہ بولے "دیکھتا ہوں آپ بے ہوش ہو جاتے ہیں یا جل کر ڈھیر ہو جاتے ہیں"؟ یہ کہتے ہوئے وہ اسکوٹر لانے کے لیئے مکان کے اندر چلے گئے۔

وہ ایک سیکنڈ ہینڈ اسکوٹر تھی۔ مزاح کا جیتا جاگتا نمونہ۔ حوادثِ زمانہ نے اس کی چول چول ڈھیلی کر دی تھی۔ پتہ نہیں تاریخ تیاری سے لے کر اب تک وہ کن کن ہاتھوں سے ہوتی ہوئی مُدیرِ "شگوفہ" کے ہاتھوں میں پہنچی تھی۔ شاید انہوں نے اس کو مزاحیہ پرچے کے ایڈیٹر ہونے کی مناسبت سے خریدا تھا. اس اسکوٹر کو دیکھتے ہی میرا اعصابی نظام یوں درہم برہم ہوگیا جس طرح اس اسکوٹر کے پرزے اپنی اپنی جگہ چھوڑ چکے تھے۔ مَیں نے مُدیر شگوفہ سے کہا "جناب! یہ تو سیکنڈ ہینڈ ہے اور وہ بھی اولڈ ماڈل"۔

وہ بولے "قبلہ! سیکنڈ ہینڈ ہوئی تو کیا ہوا! یہ دیکھو کہ چالو حالت میں ہے یا نہیں۔ اور وہ مشہور مقولہ بھی تو ہے "OLD IS GOLD" بس! باقساط اس کے پرزے بدل بدل کر بالکل نئی بنا دوں گا!"

"شگوفہ" کے دفتر کو جانے کے لئے مُدیرِ "شگوفہ" نے اِس اسکوٹر کو

اِسٹارٹ کرنا چاہا۔

پہلی کِک ۔ پھُس!

دوسری کِک ۔ پھُس پھُس!

تیسری کِک ۔ پھُس پھُس پھُس پھُس!

چوتھی کِک ۔ پھُس!

اس طرح ہر کِک پر وہ دو ایک سانس لیتی اور پھر سانس کا تار ٹوٹ جاتا۔ مُدیر شگوفہ نے اس میں جان ڈالنے کی بہتیرے کوشش کی۔ لیکن اس کوشش میں ان کی جان نکلی جا رہی تھی۔ بالآخر وہ کچھ بیزار سے ہوکر اسکوٹر کو سڑک تک ڈھکیل لائے۔ اور پھر قریبی ہوٹل میں کچھ تازہ دم ہو کر اسکوٹر کو اسٹارٹ کرنا چاہا۔ مگر یہ دیکھ کر میری حیرت کی انتہا نہ رہی کہ ان سے نادانستگی میں بعض حرکتیں سیکل سواروں کی سی سرزد ہو رہی تھیں۔ گویا اس کا مطلب یہ تھا کہ انھوں نے سیکل کی سواری کو ترک کر دیا تو کیا ہوا۔ ان کے اعصاب پر ابھی تک سیکل سوار تھی۔" سہو اور کوشش کوشش اور سہو" کے لگاتار عمل کے بعد اسکوٹر" اسٹارٹ ہو ہی گئی۔ انہوں نے مجھے پچھلی سیٹ پر بیٹھنے کو کہا۔ چونکہ مَیں ان کے حرکات و سکنات کو بغور دیکھ کر کافی سے زیادہ چوکنا ہو چکا تھا، ہاتھ جوڑتے ہوئے کہا۔" حضور! مجھے معاف ہی رکھیں" تو بہتر ہے۔ کیا میرا وجود اس سطح زمین پر کچھ اچھا نہیں لگ رہا ہے۔؟"

انھوں نے انتہائی سنجیدگی سے کہا" ارے بیٹھو جناب! یہ مذاق کا وقت نہیں ہے"۔ مَیں نے انھیں سنجیدگی کے موڈ میں دیکھ کر کہا" ٹھیک ہے جناب اگر آپ اتنے ہی سنجیدہ ہیں تو پھر مجھے اپنے گھر تک ہو آنے دیں تاکہ مَیں اپنی بیوی سے بولا چالا اور مہر معاف کرا لوں؟"

" ارے! پھر وہی مذاق!"

۳۲

میں اللہ کا نام لے کر پچھلی سیٹ پر بیٹھنا ہی چاہتا تھا کہ پان کی دوکان کا مالک جس کے پاس میں پان اور سگریٹ اُدھار لیا کرتا تھا، دوڑا دوڑا آیا اور پھر میرا ہاتھ پکڑ کر بولا۔" خبردار! اسکوٹر پر بیٹھنے سے پہلے میرا حساب بے باق کر دیجئے۔ کسے معلوم کہ آپ سے پھر ملاقات عالم بالا ہی میں ہو!"

مُدیر شگوفہ نے مداخلت کرتے ہوئے کہا۔" قبلہ! آپ فکر نہ کریں۔ میں ان کی ضمانت دیتا ہوں۔"

وہ بولا۔" آپ کیا ضمانت دیں گے جب کہ آپ کی جان خود خطرے میں ہے میں تو محض آپ کی اسکوٹر اور آپ کی ڈرائیونگ کا انداز دیکھ کر ان سے رقم طلب کر رہا ہوں۔ اگر آپ انھیں اس وقت چھوڑ دیں تو میں اب کیا دس سال تک بھی ان سے رقم کا مطالبہ نہیں کروں گا۔"

میں یہ سوچ ہی رہا تھا کہ کیا کیا جائے۔ یکایک مدیر شگوفہ نے اسکوٹر تیزی سے آگے بڑھادی اور دکان والا منہ دیکھتا رہ گیا۔

زندگی میں پہلی بار اسکوٹر پر بیٹھنے کا موقع ملا تھا۔ اور وہ بھی ایک ایسے شخص کے ساتھ جس کی مثال" رنگروٹ" کی سی ہو۔ رہ رہ کر یہ خیال بُری طرح ڈرتا تھا کہ ہو نہ ہو یہ سفر بالکل آخری سفر ہے اور مُدیر شگوفہ موت کا فرشتہ ہیں۔ جیسے ہی" نیا پُل" کا موڑ ختم ہوا اسکوٹر اچانک سیکل سواروں کی قطار میں شامل ہوگئی اور میرے منہ سے ایک دم" اِنا للہ" نکل گیا۔ اگر مدیر شگوفہ فوراً اپنی اسکوٹر موٹروں کی قطار میں نہ لاتے تو ایکسیڈنٹ نہ سہی، کم از کم چالان تو یقینی تھا۔ اس وقت اگر کوئی دوسرا ہوتا تو اس کے ہاتھ پاؤں پھول جاتے اور گاڑی روک دیتا۔ مگر واہ رے مدیر شگوفہ! اُنھیں تو بس یہی فکر تھی کہ جب نکل ہی گئے ہیں تو کسی طرح ہیلز بلڈنگ پہنچ جانا چاہیئے۔ جب اسکوٹر معظم جاہی مارکٹ کے پاس پہنچی تو اس میں کچھ گڑگڑاہٹ کی

سی آواز سنائی دی۔ پھر اچانک اُس کی رفتار دھیمی ہوگئی۔ اور دھیمی بھی اس قدر کہ "چا لو" حالت میں بھی اسکوٹر سے اُتر کر دوبارہ اس پر بیٹھا جا سکتا تھا۔ ادھر مُدیر شگوفہ اس کی رفتار کو بڑھانے کے لیئے گیر پر گیر بدل رہے تھے لیکن بے سود جوُں توں کر کے منزلِ مقصود آگئی ـــــــ ہیلپرز کوارٹرز کے پاس گاڑی کو روک کر انھوں نے گڑگڑاہٹ کا پتہ لگانے کے لیے پچھلے پہیئے کی جانچ پڑتال شروع کی۔ نتیجہ جو برآمد ہوا وہ رونگٹے کھڑے کر دینے کے لئے کافی تھا آج بھی جب مَیں اس کا تصور کرتا ہوں تو کانپ کانپ جاتا ہوں۔ البتہ مُدیر شگوفہ اسے ایڈونچر کا ایک معمولی "جھٹکا" سمجھ کر ہنسی میں ٹال جاتے ہیں ـــــــ دراصل ہوا یہ تھا کہ پچھلے پہیئے کے "نٹ" نے دھچکوں کی تاب نہ لاکر اپنی جگہ چھوڑ دی تھی جس کے نتیجے میں پہیہ گھومتے گھومتے آخری تھریڈ پر رُک کر "فیصلہ کن" چکر لگا رہا تھا۔ گویا اس کا مطلب یہی تھا کہ زندگی اور موت کے درمیان صرف "ایک تھریڈ" کا فاصلہ رہ گیا تھا۔ اگر منزلِ مقصود نہ آجاتی تو یقیناً پہیہ آخری تھریڈ سے نکل کر بالکل آزاد ہوجاتا اور ساتھ ہی یہ خاکسار جو پچھلی سیٹ پر براجمان تھا عالم بالا کی سیر کے لیئے روانہ ہوگیا ہوتا۔ جہاں تک مُدیر شگوفہ کا تعلق تھا انھیں زیادہ سے زیادہ دو چار خراشیں آجاتیں اور بات صرف "اتفاقی حادثہ" پر ٹل جاتی۔ وہ تو غنیمت ہوا کہ میری پچھلی دو چار نیکیاں پہیئے کو سنبھال کر منزلِ مقصود تک لے آئیں۔ ورنہ پہیئے کو گاڑی سے علیحدہ ہونے میں کسر ہی کیا رہ گئی تھی مَیں نے اسی وقت عہد کرلیا کہ اب آئندہ سے ان کی اسکوٹر پر نہیں بیٹھوں گا۔ اگر کبھی بیٹھنے کا اتفاق بھی ہوا تو سب سے پہلے مَیں اس بات کا جائزہ لوں گا کہ آیا میری جھولی میں کچھ نیکیاں جمع ہیں یا نہیں۔

اس دل ہلا دینے والے واقعہ کے بعد ایک ہفتہ تک مَیں مُدیر شگوفہ سے ملاقات کے خیال کو اپنے دل و دماغ میں آنے سے باز رکھتا رہا۔ مَیں اس مُدت

۲۵

میں تینکے تنکے کی شکل میں کچھ نیکیاں جمع کرنے کی جستجو میں لگا رہا، تاکہ آڑے وقت کام آسکیں۔ جب مجھے یہ یقین ہوگیا کہ میرے پاس نیکیوں کا تھوڑا بہت اسٹاک موجود ہے تو میں اللہ سے ملنے کے لئے مکان کو پہنچا۔ اتفاق کہیئے یا شامتِ اعمال کہ اسی وقت موصوف پبلشرز بلڈنگ کو جانے کے لئے اسکوٹر نے کر نکل رہے تھے۔ انھوں نے مجھے فوراً بیٹھ دی اور میں دل ہی دل میں "جل تو، جلال تو آئی بلا کو ٹال تو" کا ورد کرتے ہوئے پچھلی سیٹ پر بیٹھ گیا۔ ابھی اسکوٹر نے بڑی مشکل سے دو، تین فرلانگ کا فاصلہ طے کیا ہوگا کہ اُسے ہچکیوں کا دورہ پڑا۔ پہلی ہچکی، دوسری ہچکی، تیسری ہچکی، اِنَّا لِلّٰہِ وَاِنَّا اِلَیْہِ رَاجِعُوْن۔ آخر اس نے دم توڑ ہی دیا... مُدیر شگوفہ نے اسکوٹر سے اترتے ہوئے مجھ سے کہا۔ ؎

آ عندلیب مل کے کریں آہ وزاریاں

میں پچھلی سیٹ سے اُتر گیا اور دونوں مل کر اسکوٹر کو ڈھکیلنے لگے۔ راستے میں مُدیر شگوفہ کے ایک دوست نما دشمن نے ایک ایسے میکانک کا پتہ دیا جو گاڑی کے پُرزے کھول کر چار چار دن غائب ہو جایا کرتا تھا۔ چونکہ مُدیر شگوفہ میکانک کے اس "باطنی کمال" سے بالکل لاعلم تھے، اُس کے چنگل میں جا پھنسے۔ میکانک نے اسکوٹر کو دیکھتے ہی کچھ ایسی صورت بنائی جیسے اسے اُبکائی سی آرہی ہو۔ پھر اس نے گاڑی کا سرسری جائزہ لیتے ہوئے بڑبڑانے کے سے انداز میں کہا "یہ اتنی پُرانی ہے کہ شائد اب اس کی کمپنی کا وجود تک نہ ہوگا۔ اب تو یہ گاڑی کسی میوزیم میں رکھنے کے قابل ہے!"

مُدیر شگوفہ نے کہا "جناب! بڑبڑانے کی ضرورت نہیں۔ صاف صاف بتلایئے کہ آپ کو گاڑی درست کرنا آتا ہے یا نہیں؟"

میکانک بولا "گاڑی درست کرنا تو آتا ہے۔ لیکن اس اسکوٹر کے پارٹس

۳۶

ملنا دشوار ہے. کیا آپ اس کے پارٹس لانے کے لیئے فارن جائیں گے؟ فی الحال اس گاڑی کا پسٹن بدلنا پڑے گا۔"

مُدیر شگوفہ مجھے میکانک کے پاس بٹھا کر پسٹن لانے کے لیئے آٹو رکشا میں نکل پڑے. میں میکانک کے پاس بیٹھا اسکوٹر کی درگت بنتے دیکھتا رہا. بارہ سے ایک بج گیا ایک سے دو بج گئے. دو سے تین..... چار ...... اور پانچ بھی بج گئے. لیکن اُن کے آنے کا کوئی پتہ نہیں تھا. بالآخر جب چھ بج گئے اور میکانک اپنی دُکان بڑھا گیا تو وہ تشریف لائے. ان کی ہیئت کچھ یوں بدلی ہوئی تھی جیسے کوئی دیو مالائی کہانی کا ہیرو سات سمندر پار کر کے آگ کے دریاؤں کو پھلانگ کر جنوں، بھوتوں، اور شیطانوں سے لڑ بھڑ کر اس طوطے کو لے آیا ہو، جس میں کسی جادوگر کی جان بند ہو. مگر افسوس کہ اس طوطے یعنی پسٹن کو لے آنے تک میکانک اپنی تھکن دور کرنے کے لیئے کسی مٹر اغانے کا رُخ اختیار کر چکا تھا.

دوسرے دن مُدیر شگوفہ اور میں دس بجے میکانک کے ورکشاپ کو پہنچے توقع کے مطابق ورک شاپ بند تھا وہاں سے اس کا پتہ پوچھتے پاچھتے اس کے مکان کو پہنچے. وہاں یہ اطلاع ملی کہ وہ دو بیویوں کے شکنجے میں جکڑا ہوا ہے اور طے شدہ معاہدہ کے مطابق وہ دن اس کو دوسری بیوی کے ہاں گزارنا تھا. وہاں سے ہم دونوں دوسری بیوی کے مکان کو پہنچے. وہاں یہ معلوم ہوا کہ وہ اپنی پہلی بیوی کے پانچویں فرزند کو پتنگ دلانے کے لیئے باہر گیا ہوا ہے یہ سنتے ہی مُدیر شگوفہ کے دماغ کا پارہ نقطۂ حارہ کو پہنچ گیا، اور وہ آپے سے باہر ہو گئے. یوں محسوس ہو رہا تھا کہ وہ میکانک کو کچّا کھا جائیں گے. آخر تلاشِ بسیار کے بعد میکانک ملا. میں تو یہ سمجھ رہا تھا کہ میکانک سے اُن کے دو دو ہاتھ ہو جائیں گے. مگر اُسے اور اس کے ڈیل ڈول کو دیکھتے ہی اُنھوں نے

اس کا نہ صرف خندہ پیشانی سے استقبال کیا بلکہ ہوٹل میں لے جاکر چائے پان اور سگریٹ سے اس کی تواضع کی لیکن اس کے باوجود میکانک نے ایک ظالم ساس کی طرح وہ وہ کام کروائے جن کا اظہار صرف دشمنی کا بدلہ لیتے وقت ہی کیا جاسکتا ہے۔ اتنا تمام ہونے کے باوجود شام کو جب اسکوٹر ٹھیک ہوگئی اور اس کا ٹرائل لیا گیا تو وہ صرف ایک سوار کا بوجھ کھینچنے کے قابل تھی۔ اور وہ بھی صرف سو، ایک سو دس پونڈ وزنی انسان کا۔ جس کا نتیجہ یہ ہوا کہ مُدیر شگوفہ اسکوٹر پر دفترِ شگوفہ کو روانہ ہوئے اور میں پیدل مکان کو واپس ہوا۔

مُدیر شگوفہ کو ناز ہے کہ اتنے بڑے شہر میں ان کی اسکوٹر کی کوئی ثانی نہیں ہے۔ اور میں بھی ایک زمانے تک اسی غلط فہمی کا شکار تھا۔ لیکن ایک دن ایک عجیب و غریب منظر میرے دیکھنے میں آیا۔ ایک صاحب مدیر شگوفہ کی اسکوٹر کو جب کہ وہ بیچلرز بلڈنگ کے پاس سڑک کے کنارے پارک کی ہوئی تھی حسرت و یاس کا مجسمہ بنے گھورے جارہے تھے۔ میں نے انھیں اس حالت میں دیکھ کر کوئی چور اُچکا سمجھا اور قریب جاکر پوچھا "آپ اس طرح کیا گھور رہے ہیں؟" اس جملہ پر وہ کچھ چونک پڑے اور پھر بولے کہ "مجھے ایک زمانے سے اس اسکوٹر کے مالک کی تلاش ہے مگر مشکل یہ ہے کہ وہ صاحب کبھی ہاتھ لگتے ہی نہیں۔" چونکہ بات ابھی واضح نہیں ہوئی تھی اِس لیئے میں نے پوچھا "کیا وہ صاحب آپ کو کچھ روپے باقی ہیں؟" ان صاحب نے مسکراتے ہوئے کہا "نہیں صاحب! یہ بات نہیں ہے۔ بلکہ میرے پاس بھی ایک ایسی ہی اسکوٹر ہے۔ مگر مشکل یہ ہے کہ نہ تو اُس کے پارٹس کہیں ملتے ہیں اور نہ میکانک کا کہیں پتہ چلتا ہے۔ میں ان صاحب سے دکان اور میکانک کا پتہ حاصل کرنا چاہتا ہوں۔" —— جب مجھے یہ معلوم ہوا کہ وہ صاحب مُدیر شگوفہ کی انفرادیت کو ختم کرنے کا خطرناک ارادہ

رکھتے ہیں، وہاں سے انجان بن کر کھسک گیا۔

مُدیر شگوفہ کو اسکوٹر خریدے ہوئے کوئی دس ماہ کا عرصہ ہوتا ہے۔ اسکوٹر اب بھی ان کے پاس ہے۔ بلکہ یوں کہنا زیادہ موزوں ہوگا کہ اسکوٹر اب بھی ان کے گلے پڑی ہوئی ہے۔ ہر آٹھ دس دن کو جب وہ خراب ہوجاتی ہے تو وہ اسے رکشا میں ڈال کر ایک ایسے میکانک کے پاس لے جاتے ہیں جو پانچ چھ میل کی دوری پر ایک قدیم محلہ میں رہتا ہے۔ اور وہ شہر کا واحد میکانک ہے جو اس طرح کی قدیم اسکوٹر کی ریپئرنگ کرسکتا ہے۔ اس کے علاوہ وہ ہر ماہ اس پر کوئی دس، پندرہ روپے خرچ کر کے نکل پالش کئے ہوئے "اسٹارس" وغیرہ لگواتے ہیں تاکہ اس کی ظاہری چمک دمک میں اضافہ ہو۔ یہ الگ بات ہے کہ وہ جونہی "اسٹارس" وغیرہ لگواتے ہیں تو دوسرے ہی دن آوارہ لونڈے انھیں چُرا کر چنے مونگ پھلی بیچنے والوں کو اونے پونے بیچ کر ان کا بھلا کرتے ہیں۔ مجھے حیرت اس بات پر ہوتی ہے کہ آخر وہ لونڈے اس اسکوٹر کے پارٹس کیوں نہیں چُراتے۔ بہت غور کیا تو آخر بات سمجھ میں آگئی کہ ان چرائے ہوئے لوہے کے پُرزوں کو کون خریدے گا جب کہ وہ کسی اور اسکوٹر میں فٹ ہونے نہیں پاتے اس لئے لونڈے پیتل کے پُرزوں پر ہی اکتفا کر جاتے ہیں۔ حال ہی میں مُدیر شگوفہ نے اسکوٹر کو رنگ و روغن بھی کروایا ہے۔ جس سے اس کی ظاہری چمک دمک میں کافی اضافہ ہوگیا ہے لیکن اس کے باوجود حقیقتِ حال آشکار ہو ہی جاتی ہے۔ اس اسکوٹر میں رفتار بتانے والا ڈائیل اور کانٹا موجود ہیں۔ مگر کانٹے کو ڈائیل پر انگلی سے گھمانے کی نوبت آتی ہے۔ فاضل ٹائر ہونے پر بھی "بمد فضول" کی تعریف میں آتا ہے۔ یوں تو دیکھنے کو بیاگ موجود ہے۔ بخدا وہ کسی نامراد عاشق کے گریبان سے کسی طرح کم نہیں۔ غرض باقی تمام چیزوں کو دیکھنے اور پرکھنے کے لئے بصارت سے کہیں زیادہ بصیرت چاہیئے!

۳۹

اگر آج ہوتے حاتم طائی

ایک بار ایک طالب علم نے امتحان کے زمانے میں مطالعہ سے اُکتا کر یہ خواہش کی تھی کہ کاش! آج حاتم طائی ہوتے تو کتنا اچھا ہوتا! وہ طلباء کی گزارش پر امتحانی پرچوں کے سوالات معہ حل، سر دھڑ کی بازی لگا کر معلوم کر لیتے۔ جس کے نتیجہ میں سارے پرچے آؤٹ ہو جاتے اور طلباء اسٹڈی کی زحمت سے بچ جاتے

طالب علم کی اس خواہش کی بناء پر شائد آپ یہ سوچنے پر مجبور ہو جائیں کہ وہ طالب علم پڑھنے لکھنے کے معاملہ میں انتہائی کاہل تھا۔ ورنہ وہ ایسی نامعقول خواہش ہرگز نہ کرتا۔ لیکن ٹھہرئیے! اس میں طالب علم کی سوچ اور خواہش کا کوئی قصور نہیں۔ قصور تو ان ادیبوں کا ہے جنہوں نے حاتم جیسے معزز اور سخی انسان کے ہاتھ میں ایک پرچۂ عشق تھما کر سات سوالات حل کرنے کیلئے ایک لق و دق صحرا میں چھوڑ دیا۔ اس کے بعد فلم والوں نے خود حاتم طائی کو عشق و محبت کے چکر میں الجھا دیا۔ البتہ انہوں نے اتنی رعایت ضرور کی کہ حاتم طائی کے ساتھ ایک عدد "چیلہ" کا اضافہ کیا۔ تاکہ حاتم طائی اپنے آپ کو بے یار و مددگار نہ پائیں اور صحرا کی تنہائی گراں نہ گزرے۔

ایسے مافوق الفطرت کمالات حاتم طائی سے محض اس لئے منسوب کئے

کئے کہ وہ اب اس دنیا میں نہیں رہے۔ وہ اگر زندہ رہتے تو ان کمالات کو سُن سُن کر شرما جاتے اور پھر جب یہ دیکھتے کہ دنیا والوں کے پروپگنڈے کے آگے ان کی ایک بھی چلنے کی نہیں تو وہ ان کا منہ بند کرنے کے لیئے ان کے آگے گڑگڑائے یہ کہتے کہ "حضرات! یہ تمام لغو باتیں مجھ سے نہیں سنی جاتیں۔ بللہ مجھ پر رحم کیجئے۔ مَیں بھی آپ میں ہی کا ایک فرد ہوں"

ذرا غور کیجئے ایک عدد اہلیہ اور دو عدد بچے رکھنے والے حاتم طائی کو خواہ مخواہ سات سوالات کے چکر میں اُلجھا دینا زیادتی نہیں ہے؟ یوں بھی جو شخص شادی شدہ اور صاحب اُولاد ہوتا ہے اُسے دوسروں کے سوالات کو حل کرنے کی خواہش نہیں رہتی۔ اجی خواہش تو ایک طرف رہی، اسے دوسروں کے سوالات کو سُننے تک کی فرصت نہیں ملتی۔ اس کی بیوی اور بچوں کے اِتنے سارے سوالات پنڈنگ رہتے ہیں کہ وہ خود ایک مکمل "بند سوالنامہ" بنا پھرتا ہے کہ کوئی اس بند سوالنامے کو کھولے، پڑھے، اور سمجھے۔

اب سوال یہ پیدا ہوتا ہے کہ اگر حاتم طائی جیتے رہتے تو کیا ہوتا؟ ——— یہی ہوتا کہ اتنے سو سال تک جیتے رہنے کی وجہ سے ان کی جسمانی حالت اس "گھلے ہوئے سیتا پھل" کی ہو جاتی جسے پکڑتے ہوئے پاش پاش ہو جانے کا خدشہ لگا رہتا ہے۔ اب رہا ان کی نیا فنی اور سخاوت کا معاملہ۔ تو اس سلسلہ میں یہ عرض ہے کہ اتنی لمبی عمر پانے اور سخاوت کو جاری رکھنے کی وجہ سے اُن کے پاس ایک نیا پیسہ بھی نہ ہوتا۔ عین ممکن تھا کہ وہ ریل کے کسی تھرڈ کلاس کمپارٹمنٹ میں خستہ حال، بالوں کو بڑھائے یا سانڈ لاک چھوڑے تلاش روزگار کے سلسلہ میں بلا ٹکٹ سفر کرتے ہوئے نظر آتے اگر بالفرض ان کے پاس دولت بچی بھی رہتی تو حاسدوں کو یہ تشویش لاحق ہو جاتی کہ آخر حاتم کے پاس اتنی ساری دولت کہاں سے آتی ہے کہ وہ خود بھی عیش کرتا ہے اور

خیرات بھی دیتا ہے۔ کیا اس کا کوئی بلاک (BLACK) کا دھندا تو نہیں ؟ ابھی حاتم اپنے حاسدوں کو منہ توڑ جواب دینے بھی نہ پاتے کہ انکم ٹیکس کا جھگڑا اُٹھ کھڑا ہوتا۔ وہ اس جھگڑے کو سلجھا کر اطمینان کا سانس لینے بھی نہ پاتے کہ ان کا جوشِ سخاوت کسی جوالا مکھی کی طرح پھوٹ پڑتا۔ کیوں کہ انسان اپنی عادتوں کے آگے انتہائی بے بس ہوتا ہے۔ جب وہ اس جوش سے مغلوب ہوکر حاجت مندوں اور فقیروں کا جائزہ لیتے تو پتہ چلتا کہ یہ دنیا تو صرف محتاجوں اور فقیروں سے بھری پڑی ہے۔ وہ تو حاتم طائی کی خوش قسمتی تھی کہ انھیں ایک ایسے دور میں "سخی" کا لقب ملا جب کہ فقیروں اور محتاجوں کی تعداد اُنگلیوں پر گنی جاتی تھی۔ اور انھیں باضابطہ طور پر دعوت نامے بھیج کر بلوانا پڑتا تھا۔ اگر اس کے باوجود وہ آج کے روٹھے ہوئے دامادوں کی طرح نہ آتے تو ان کے در مبارک پر حاضری دے کر منانا پڑتا تھا کہ "قبلہ! ذرا غریب خانہ چل کر کھانا کھائیے تاکہ قیامت کے دن خدا کے سامنے فقیروں اور محتاجوں کو نظر انداز کر دینے کا گناہ سر پر نہ رہے۔ اتنی منت سماجت کے باوجود وہ اگر ٹس سے مس نہ ہوتے تو لوگ توشہ دانوں میں کھانے بھر بھر کر ان کے ٹھکانوں پر جاتے اور یہ صدا لگاتے "حضور! کم از کم اب تو اٹھیئے اور کھانا جھوٹا کیجیے" اس میں حیرت اور اچنبھے کی کوئی بات نہیں۔ اس دور کے فقیر ہی کچھ ایسے سر پھرے ہوا کرتے تھے۔ ان کی حمیت و غیرت کا یہ عالم تھا کہ کئی فاقے کڑاکے کے کھینچنے کے باوجود ان کی فاقہ مستی دولت مندوں کے آگے ہاتھ پھیلانے سے روکتی تھی۔ یہاں تک کہ دم آخر بھی اگر کوئی دولت مند ان کی حالت پر رحم کھا کر کچھ کھانے کے لیے لا دیتا تو اسے یہ کہہ کر لوٹا دیتے تھے کہ "بھائی آخری وقت ہمیں کیوں شرمندہ کرتے ہو، کوئی اور دروازہ کھٹکھٹاؤ۔" اس وقت دولت مند بڑی حسرت سے یہ کہتے کہ "کاش! خدا ہم کو مال و زر سے سرفراز کرنے کی بجائے غربت سے مالا مال کرتا اور دولت کی خواہش سے بے نیاز کر دیتا!"

۴۲

اب آپ آج کے فقیروں کا حال بھی سن لیجئے۔ ان کی سب سے بڑی خوبی یہ ہے کہ ان میں سے بعض بڑی آسانی سے پہچانے جاتے ہیں۔ لیکن بعض بالکل ہی پہچانے نہیں جاتے۔ آپ انھیں دیکھ کر یوں محسوس کرتے ہیں کہ وہ ہم میں سے ہی ہیں۔ یہ اس وقت تک اپنے کو چھپائے رکھتے ہیں۔ جب تک کہ آپ کسی غرض کے تحت اپنی جیب میں ہاتھ نہ ڈالیں۔ ایک بار سڑک پر چلتے چلتے ہمارا ہاتھ عالم بے خیالی میں اپنے پینٹ کی جیب میں چلا گیا۔ اسی وقت اچانک ۴، ۶ مشٹنڈے ہمارے اطراف یوں نمودار ہو گئے جیسے گھیراؤ کر رہے ہوں۔ ہم نے فوراً گھبرا کے پوچھا "کیا ہے"؟ سب نے ایک ساتھ گمبھیر آواز میں کہا "کچھ نہیں! خیرات!" ہم نے اضطراری کیفیت کے تحت فوراً چونّی دے دی اور تھوڑے غصیلے لہجے میں کہا "بھیک مانگنے وقت دھمکانے کا سا انداز اچھا نہیں"۔ ان میں سے ایک مسکراتا ہوا بولا "اس طرح مانگنے سے ان کو سوچنے سمجھنے کی مہلت نہیں ملتی اور وہ گھبراہٹ کے تحت فوراً کچھ نہ کچھ دے دیتا ہے"۔ یہ وضاحت سن کر ہماری زبان سے "آہ" کی بجائے "واہ" نکل گئی۔ کیوں کہ واقعی اس وقت ہماری نیت خیرات دینے کی نہیں تھی۔ اس سے یہ بات معلوم ہوئی کہ ان دنوں جیب میں ہاتھ ڈالنا گویا خیرات کا سمبل (SYMBOL) ہے۔

آج کل اکثر مردوں نے بطور فیشن یہ اصول بنا لیا ہے کہ "سگریٹ خریدو، مگر ماچس پاس نہ رکھو"۔ اب آپ سے کیا چھپائیں، دن رات کے مشاہدے کی وجہ سے یہ بُری عادت ہم میں بھی سرائیت کر گئی ہے اور ہم قسطوں میں ایک ایک سگریٹ خریدنے کے عادی بن گئے ہیں۔ اس لئے جب کبھی ہم کسی پان کی دوکان پر سگریٹ خریدتے ہیں تو ساتھ ہی یہ مطالبہ کرتے ہیں "ذرا ماچس تو دینا"۔ جب دوکان والا ماچس دے دیتا ہے تو سگریٹ سلگانے کے بعد دوسری بار دست سوال پھیلاتے ہیں "ایک چھالیہ کا ٹکڑا تو دیجئے"۔ چنانچہ ہم جیسے کئی اور نوجوانوں کے مطالبات سے تنگ آ کر پان

کی دوکان والوں نے اپنی دوکانوں پر جگہ جگہ شمعیں روشن کر رکھی ہیں تاکہ "طلبگاران سگریٹ" کو فری میں ماچس کی سلائیاں دیتے دیتے کہیں ان کا دیوالیہ نہ نکل جائے۔ ہم سمجھتے ہیں کہ اس طرح کا رجحان ترقی کرتے کرتے گداگری کو فروغ دینے کا سبب بنے گا۔

حاتم طائی کے تعلق سے یہ مشہور ہے کہ جب ان کا جوشِ سخاوت عروج پر آتا تو نوکروں کو آگ روشن کرنے کا حکم دیتے تاکہ رات کے وقت ان کے مکان کو تلاش کرنے میں حاجت مندوں اور فقیروں کو کوئی دشواری پیش نہ آئے۔ بہ الفاظ دیگر وہ آگ حاجت مندوں اور فقیروں کے لیئے "WELCOME" اور "خوش آمدید" کے ہورڈنگس کا کام انجام دیتی تھی۔ مگر آج حاتم طائی کو اتنی زحمت نہ اٹھانی پڑتی۔ کیوں کہ آج کا فقیر شہر کے کونے کونے کی خبر رکھتا ہے۔ اسے یہ تک معلوم رہتا ہے کہ کس گھر میں میاں بیوی کے درمیان لڑائی ہو جانے کی وجہ سے چولھا نہیں جلا۔ ہم تو یہاں تک کہیں گے کہ عوام سے متعلق اتنی تازہ ترین معلومات لیڈروں تک کو نہیں رہتیں۔ ایسے میں بھلا حاتم طائی کو یہ ضرورت ہی کیوں پیش آتی کہ خیرات بٹنے کے تعلق سے فقیروں کو مطلع کریں۔ البتہ ان کی آمد سے قبل رش کو کم کرنے کے لیئے جگہ جگہ رکاوٹیں کھڑی کرنی پڑتیں۔ ساتھ ہی ساتھ پولس کو بھی طلب کر لینا پڑتا تاکہ ہلڑ بازی کے وقت امن قائم رہے۔

اس کے علاوہ امبولنس کار اور اسٹریچر تیار رکھنے پڑتے تاکہ بھگدڑ مچتے ہی زخمیوں کی بعجلت ممکنہ دواخانہ کو منتقلی عمل میں آسکے۔ اتنے سارے اہتمام کے باوجود ہجوم میں کوئی کمی نہ ہوتی بلکہ ہر دو تین گھنٹوں کے بعد بھکاریوں کی صف میں ایک نومولود بھکاری کا اضافہ ہوتا۔ جب حاتم یہ دیکھتے کہ اتنی ساری خیرات بٹنے کے باوجود مستحق افراد کو خیرات نہیں ملی تو وہ فقیروں پر یہ پابندی عائد کر دیتے کہ وہ محتاجی کا صداقت نامہ داخل کریں۔ اس وقت کیا فقیر اور کیا غیر فقیر ہر ایک اس کھوج

۴۴

میں لگا رہتا کہ "فقیری اور محتاجی" کا صداقت نامہ داخل کرے۔ گویا محتاجی میں ایک دوسرے پر سبقت لے جانے کی زبردست کشمکش شروع ہو جاتی۔ ہر ایک اپنے آپ کو انتہائی حقیر و فقیر بنا کر پیش کرتا۔ ان میں کتنے ہی نوجوان ایسے صداقت نامے پیش کرتے جن کے والدین زندہ ہونے کے باوجود یتیم و یسیر کہلاتے۔ بالآخر اتنی ساری دھاندلیاں مچا کر آج کی دنیا والے حاتم طائی کو لنگوٹی لگا کر چھوڑتے۔ تب حاتم شہروں سے دور کسی ویرانے میں جا کر بڑے خشوع و خضوع سے بارگاہ رب العزت میں گڑگڑا کے یہ دعا مانگتے کہ "اے خدا! یہ دنیا نہایت ہی پست ہو گئی ہے لہٰذا تو اس دنیا کو مثل آسمان بلند و بالا فرما یا مجھے خود اس دنیا سے اٹھا لے!

۴۵

نقلستان

جب مُلک میں نقل مار کر ہر قسم کے امتحانات کامیاب کرنے والوں کی بہتات ہو گئی اور زندگی کے ہر شعبہ پر نقال ہی نقال چھا گئے تو اُن میں سے چند اعلیٰ پائے کے نقالوں نے اپنی ایک سیاسی جماعت "فارغ النقل پارٹی" کے نام سے قائم کی اور پھر اپنی ایک علیحدہ ریاست "مملکت نقلستان" کا مطالبہ شروع کر دیا۔ ابتدا میں اس تحریک کو بڑی شدت کے ساتھ دبانے کی کوشش کی گئی۔ لیکن ہر بار اس پارٹی نے اسی شدت کے ساتھ نعرہ بلند کیا ــــ "جتنا دباؤ گے تم اتنا ہی ابھریں گے ہم"

بالآخر ارباب مقتدر کی سمجھ میں یہ بات آگئی کہ نقل مارتے مارتے اس پارٹی کے اراکین کی عقل ماری گئی ہے اور اب وہ کسی طرح ماننے والے نہیں تو انھوں نے تجرباتی اساس پر ایک علیحدہ ریاست "مملکت نقلستان" کے قیام کی منظوری دے دی۔ بس پھر کیا تھا۔ نقالوں نے تالیاں پیٹیں۔ اور گنتی کے چند حقیقی دانشور اپنا اپنا سر پیٹ کر رہ گئے۔ نتیجتاً اُن کے سر کے رہے سہے بال بھی جھڑ گئے۔ چنانچہ ۳۱ر مارچ کی رات کو ٹھیک بارہ بج کر ایک سکنڈ پر جب کہ گھڑی "فرسٹ اپریل" کا اعلان کرتی ہے، ٹیپ ریکارڈر کے ذریعہ اُلّو کی صدا بلند کر کے "مملکت نقلستان" کے قیام کا اعلان

۴۶

بڑے دھڑلّے سے کیا گیا۔ اور دوسرے ہی روز ایک بہت بڑا بورڈ شہر کے بیچوں بیچ نصب کیا گیا۔ جس پر لکھا ہوا تھا،

"EXPERIMENTAL STATE TO PROMOTE ACTING AND DUPLICATING IN EACH AND EVERY FIELD"

قیام ریاست کے ساتھ ہی چیف منسٹری کے عہدہ کے لئے "فارغ النقل پارٹی" کے اراکین میں زبردست رسا کشی شروع ہو گئی۔ انھیں ایک ایسے لیڈر کی تلاش تھی جو کسی 'چمن' میں پیدا ہوا ہو۔ تاکہ اس کے پر لوک سدھار نے پر تعزیتی جلسہ میں جب مقررین "بڑی مشکل سے ہوتا ہے چمن میں دیدہ ور پیدا" پڑھیں تو یہ مصرعہ سو فیصد پر مقام پیدائش کے لحاظ سے ٹھیک ٹھیک منطبق ہو، اور مقررین کی جہالت اور کم علمی پر کوئی حرف نہ آنے پائے۔ کافی تلاش و جستجو کے بعد آخر ایک ایسا "دیدہ ور" مل ہی گیا جو "بڑی مشکل سے "گولی گوڑہ چمن" میں پیدا ہوا تھا۔ اس کو چیف منسٹری کی گدی پر بٹھایا گیا۔ گدی پر بیٹھتے ہی اس نے سب سے پہلا انقلابی قدم یہ اٹھایا کہ سارے کے سارے قلمدان ہائے وزارت اپنے ہی پاس رکھ لیے۔ پارٹی کے اراکین نے جب اس غاصبانہ قبضہ کی جانب توجہ دلائی تو ہز ایکسلنسی نے مسکراتے ہوئے اپنے رفقاء میں قلمدانوں کی بجائے ٹھونٹوں کا بٹوارہ کیا۔ البتہ ایک خاتون وزیر کی خدمت میں خواتین کے بین الاقوامی سال کی اہمیت پیش نظر از راہ قدر دانی بٹوہ کی بجائے پاندان عنایت فرمایا تاکہ کسی ہنگامی اجلاس کے موقع پر ہنگامہ برپا ہو جائے اور ایک دوسرے پر دانت کچکچانے کی نوبت پیش آئے تو فوراً پان کے بیڑوں کا انتظام ہو سکے۔

اس طرح وہ خاتون "محکمہ سماجی بھلائی" کے پاندان کی مستحق قرار پائیں۔

محکمہ صحت وہ طبابت کا بٹوہ پارٹی کے ایک ایسے رکن کو دیا گیا جو ہمیشہ

۴۷

کسی نہ کسی درد اور مرض میں مُبتلا رہنے کی ایکٹنگ کیا کرتا تھا اور پارٹی میں "دائم المریض" کے نام سے مقبولیت حاصل کر چکا تھا۔ بٹوؤں کی تقسیم کے وقت وہ قوم کے درد میں مُبتلا تھا۔

____ محکمہ روڈ ٹرانسپورٹ کا بٹوہ ایک ایسے رکن کو دیا گیا جو موٹروں کے نقلی اسپیر پارٹس کے دھندے کے سلسلہ میں نقل مقام کرجاتا تھا۔

وزارت داخلہ کا بٹوہ پارٹی کے ایک ایسے سینیر رکن کے حصّہ میں آیا جو پارٹی کے "داخل خارج رجسٹر" کے اندراجات کیا کرتا تھا۔

محکمہ مال کا بٹوہ جس رکن کو ملا وہ اسے ایک گھنٹہ تک بھی نہیں سنبھال سکا۔ اور عجلت میں کھو ڈالا۔

اس کے بعد چیف منسٹر کو موزوں ترین رفقائے کار نہ مل سکے تو باقی سارے کے سارے بٹوے اپنے بریف کیس میں رکھ لئے۔ دوسرے دن اخبارات میں جب وزرا کی تصاویر معہ بٹوہ و تعارف چھپیں تو عوام نے ایڈیٹروں کے نام احتجاجی مراسلے لکھے۔ لیکن اگلے ہی دن کے اخبارات کے ایک سطری اہم اداریہ نے سارے عوام کو خاموش کر دیا کہ:

"جیسی روح ویسے فرشتے"

مختلف محکمے جات کے بٹوؤں کی تقسیم کے بعد نقلستان کی حکومت نے دیانت دار اور اصلی اسنادات رکھنے والے ملازمین کو سارے محکمے جات اور دفاتر سے پاک وصاف کرنے کا تہیہ کر لیا۔ کیوں کہ حکومت کو یہ خدشہ لاحق ہو گیا تھا کہ اصلی اسنادات رکھنے والے ملازمین اپنی اعلیٰ وارفع صلاحیت کی شارپ لیکر فارغ النقل ملازمین کے کالے کرتوتوں پر ضرور روشنی ڈالیں گے۔ جس کی وجہ سے دفاتر میں غیر ضروری خلل پیدا ہو جائے گا اور کام میں رکاوٹ پیدا ہوگی

۴۸

لیکن جب مختلف محکموں اور دفتروں سے اس قسم کے ملازمین کی صفائی کا کام شروع ہوا تو حکومت کے ہوش اُڑ گئے۔ کیوں کہ تحقیق کرنے پر کوئی ملازم ایسا نہ ملا جس نے اپنے طالب علمی کے دور میں مختلف امتحانات کے موقعوں پر نقل نہ ماری ہو۔ بڑی مشکل سے گنتی کے چند ملازمین ایسے دریافت کئے گئے جو امتحانات کے زمانے میں صرف فارمولے، مقولے، ضابطے، اصطلاحات تعریفات اور سنہ دیزہ پوائنٹس ...... سے طور پر اپنے ساتھ رکھا کرتے تھے بالآخر ان سے وضاحت طلب کی گئی کہ آخر وہ کونسی رکاوٹ یا جذبہ تھا جو کھلم کھلا نقل مارنے سے روکتا تھا؟ اندرون چوبیس گھنٹے صاف صاف نہ بتلائیں تو بیرون دفتر کر دیا جائے گا اور سندیں ضبط کر لی جائیں گی!"

بیچارے اس نامعقول ایکسپلینیشن (EXPLANATION) کا کیا معقول جواب دیتے!؟ نتیجتاً اپنی اپنی سندوں کو گلوں میں لٹکائے اپنے اپنے گھروں کی طرف بھاگ کھڑے ہوئے اور بالآخر روپوش ہو گئے۔

اس کے بعد نقلستان کی حکومت نے ایک اور اہم حکمنامہ جاری کیا کہ آئندہ سے ریاست کے سارے کاروبار نقلی ہوا کریں گے۔ اس حکم نامہ نے تاجروں میں مسرت کی ایک زبردست لہر دوڑا دی۔ اس سے پہلے کہ وہ خوشی سے پاگل ہو کر اپنا جامہ پھاڑ لیتے انھیں فوراً اپنے گوداموں کا خیال آیا اور ان کے ٹریلین کے شرٹس پھٹنے سے رہ گئے۔ پہلے جو تاجر نقلی مال کو "اصلی مال کا لیبل لگا کر بیچا کرتے تھے اب وہ صرف لیبل بدلنے پر اکتفا کرنے لگے.....

اس طرح تاجروں کا کام صرف لیبل بدلنا رہ گیا تھا۔ بدی جب بدی کے ہی روپ میں پیش ہوتی ہے تو وہ "بدی" نہیں رہتی بلکہ سچائی بن جاتی ہے فریب جب فریب ہی کے روپ میں سامنے آتا ہے تو وہ فریب نہیں رہتا،

حقیقت بن جاتا ہے۔ یہی حال اس نقلی مال کا ہوا۔ عوام نقلی مال کو خریدتے ہوئے "نقلی" کا لیبل لگا دیکھ کر ایک قسم کی ذہنی آسودگی حاصل کرنے لگے۔ اور ساتھ ہی ساتھ حکومت کو دعائیں بھی دینے لگے کہ وہ کم از کم دھوکہ اور کوفت کھانے سے تو محفوظ رہے۔

ادھر عوام نے بھی اس حکم نامے کو اپنی آنکھوں سے لگایا۔ کیوں کہ اس سے پہلے ان کی جو زندگی گزر رہی تھی وہ دو متضاد کیفیتوں کا مجموعہ تھی۔ ایک اصلی اور دوسری نقلی۔ پہلے اگر کسی کی محبوبہ اپنے عاشق کو دغا دے کر کسی "بھگوڑے" عاشق کے ساتھ فرار ہو جاتی تو پہلے عاشق کو یہ حق پہنچتا تھا کہ وہ اپنی محبوبہ کے سر بے وفائی کا الزام تھوپ دے۔ اگر کوئی دوست اپنے کسی دوست کو دوستی کی آڑ میں دشمنی کا خنجر گھونپ دیتا تو وہ قابل گردن زدنی قرار پاتا۔ مگر اس حکم نامہ کے بعد وہ قدریں یکسر بدل گئیں۔ قوم نے چولا بدلا۔ انسان کا چہرہ کہیں کھو گیا۔ مرد اپنے اپنے چہروں پر کئی چہرے چڑھائے گھومنے پھرنے لگے۔ مکر و فریب کا چہرہ، خونی چہرہ، فسادی چہرہ، مردانہ چہرہ، زنانی چہرہ اور "درمیانی چہرہ" عورتیں بھی بھلا چپ کیسے بیٹھتیں۔ میک اپ تو وہ بہت پہلے سے کرتی چلی آ رہی تھیں۔ لیکن اب وہ بھی چہرے بدلنے کے آرٹ سے بخوبی واقف ہو گئیں۔ ایکٹریس کا چہرہ، کال گرل کا چہرہ، ماڈل گرل کا چہرہ "دم مارو دم" کا چہرہ، جیب کترن کا چہرہ، ڈائن کا چہرہ اور مردانہ چہرہ۔ لیکن ان تمام چہروں میں ممتا کا چہرہ کہیں نظر نہ آتا تھا۔ ان چہروں کے چکر نے انسان کو یہاں تک گرا دیا کہ اس کے دُم نکل آئی۔

"نقلستان" نے ریاست کے طلباء کو امتحانات میں نقل مارنے کی کھلی چھوٹ بھی دے دی۔ کیوں کہ سیاسی لیڈروں نے مملکت نقلستان کے قیام کی

تحریک چلاتے وقت اسی نقل کا لالچ دے کر طلباء کو تحریک میں بڑھ چڑھ کر حصہ لینے کے لیئے اکسایا تھا. چنانچہ قیام نقلستان کے بعد یونیورسیٹیوں، کالجوں، اور اسکولوں میں نقل عام ہوگئی. اور عام بھی اتنی کہ طلباء میں سوچ سمجھ کر نقل کرنے کی صلاحیت تک معدوم ہوگئی. امتحانی ہال میں دوران امتحان اگر کوئی طالب علم اپنے پن کو جھٹکتا تو ہال کے سارے طلباء اس کی نقل کرتے ہوئے اپنے اپنے پن جھٹکنے لگتے اور دیکھتے ہی دیکھتے سارے کا سارا فرش نیلی روشنائی کے دھبوں سے داغدار ہوجاتا. اگر کوئی طالبہ اکتا کر انگڑائی لیتی تو ہال میں موجود ساری لڑکیاں انگڑائیاں لیتیں. اگر کوئی طالب علم بیزار ہوکر پہلو بدلتا تو ہال کے سارے لڑکے پہلو بدلتے. اور اگر کوئی شرارتاً سوجاتا تو اس کی تقلید میں ہال کے سارے لڑکے اپنی اپنی نشستوں پر سو جاتے. یہی نہیں. اگر کسی لڑکے کا دورانِ امتحان مزاج خراب ہو جاتا اور وہ اپنی سیٹ سے اُٹھ کر گھر کی راہ لیتا تو ہال کے سارے طلباء کے مزاج بگڑ جاتے اور وہ بھی اپنی اپنی سیٹ پر پرچہ چھوڑ کر اپنے اپنے گھر کی راہ لیتے. شکر ہے کہ وہ پہلے لڑکے کے گھر نہیں پہنچتے تھے. اُن کی ان حرکتوں کو دیکھ کر یوں لگتا کہ امتحانی ہالوں میں امتحانات نہیں ہورہے ہیں، بلکہ فزیکل ڈسپلے (PHYSICAL DISPLAY) ہورہا ہے.

اب ممتحنوں کا کام صرف یہ رہ گیا تھا وہ پرچے جانچنے کی بجائے یہ دیکھیں کہ ایک پرچے کے جوابات دوسرے پرچے کے عین مطابق ہیں یا نہیں. اس کے بعد وہ تصدیق کر دیتے کہ "نقل مطابق نقل درست ہے". بالآخر اس لکھنے کی زحمت سے بچنے کی خاطر ممتحن حضرات نے اس تحریر کی مہریں تیار کروالیں. اب ان کا کام صرف یہ رہ گیا تھا کہ امتحانات کے زمانہ میں "نقل مطابق نقل درست ہے" کی مہریں کھٹا کھٹ ثبت کریں. اس طرح وہ ممتحن کی بجائے

- ۵۱

"مہر مار" (بہ وزن چڑی مار) بن گئے تھے۔

ادب اور شاعری میں بھی نقالی کو زبردست فروغ حاصل ہوا۔ جو شعرا غالب کی دو غزلوں میں ڈوب کر ایک تیسری غزل لے آتے تھے اب سالم کی سالم غزل مرغ مسلّم کی طرح ہڑپ کر جانے لگے مگر انھیں یہ جاننا چاہیے تھا مرغ مسلّم تو آسانی سے ہضم ہو جاتا ہے لیکن غالب مشکل سے بھی ہضم ہو نہیں پاتے۔ چنانچہ مشاعروں میں شعرا غزلیں پڑھتے وقت جب کبھی تلفظ کی غلطیاں کرتے تو سامعین ہوٹنگ کے انداز میں کہتے کہ "ذرا ہجے درست کیجیے" اور "بولتا قاعدہ رواں پڑھنے کی مشق کیجیے"۔ شاعروں نے اس ہوٹنگ سے بچنے کا ایک نیا طریقہ یہ ایجاد کیا وہ مشاعروں میں نقل کی ہوئی کاپیاں پمفلٹ کی شکل میں سامعین میں تقسیم کرنے لگے۔ اس طرح مشاعروں کے سامعین کی حیثیت قارئین کی سی ہو گئی۔ جب کوئی قاری کسی شاعر کے نقلی کلام سے متاثر ہو کر "مکرر ارشاد" کہتا تو شاعر ایک اداۓ دلربائی کے ساتھ ایک اور کاربن کاپی قاری کی خدمت میں پیش کر دیتا۔ جب قاری "ایک اور عنایت" ہو کہتا تو شاعر اپنی دوسری جیب میں سے ایک اور "نقلی غزل" قاری کی خدمت میں پیش کر دیتا۔ بالآخر یہ کلام قارئین کے ہاتھوں ہوتے ہوئے ردّی کی دکان پر پہنچ جاتا۔ یا پھر پان کی دکان پر بیڑے باندھنے کے لیے۔ اس طرز نقالی سے ادب کو تو کوئی فائدہ نہ پہنچا البتہ نقل کرتے کرتے شعرا کی ہینڈ رائٹنگ کافی سنور گئی اور وہ فن کتابت کی باریکیوں سے واقف ہو گئے۔ جو ان کے لئے ذریعہ روزگار ثابت ہوا۔

جوں توں کرکے "مملکت نقلستان" نے اپنی نقلی کارگزاری کے پانچ سال مکمل کر لیے۔ ان پانچ سالوں میں وہ تمام نقلی اور مکروہ چہرے جو پہلے سات پردوں میں چھپے تھے، کھلی چھوٹ مل جانے کی وجہ سے سارے

کے سارے منظر عام پر آ گئے۔ جب انھیں حبس دوام کی سزا دینے کی نوبت آ گئی تو انھوں نے تحریری معافی نامے داخل کیے کہ آئندہ سے وہ بااُصول و باوقار شہری بن کر رہیں گے۔ یوں بھی حکومت کے پاس ان سارے مکروہ چہروں کی باضابطہ فہرستیں تیار ہو چکی تھیں۔ اور وقت پڑنے پر کسی بھی مہلت میں ان چہروں کو ناکارہ پُرزوں طرح سماج سے نکال کر کچرے کے حوالے کیا جاسکتا تھا۔

۵۴

کوئی معشوق ہے اس پردۂ زنگاری میں

۳۱، مارچ کو گزرے ہوئے پورے اکیس دن ہو چکے ہیں۔ میں آج تک اپنی بیوی کو مطمئن نہیں کر سکا کہ وہ نیم بیرنگ لفافہ جس کے ذریعہ سے میری کتاب کو اردو اکیڈیمی کا انعام ملنے کی خوش خبری دی گئی تھی اور جسے بیوی نے میرے غیاب میں پورٹ مین کو ۱۰ پیسے جرمانہ ادا کر کے چھڑایا تھا، بالکل فرضی تھا۔ اب ہمارے ازدواجی تعلقات کچھ ایسے نازک موڑ پر آ چکے ہیں کہ کسی بھی وقت شادی کا نازک بندھن ٹوٹ سکتا ہے۔ پچھلے چند دنوں سے تو یہ بات چیت بالکل بند ہے۔ بچے ہماری خاموشی کو دیکھ کر حیران ہیں کہ آخر ہمارے ماں باپ کو یہ کیا ہو گیا ہے؟ وہ آپس میں بات چیت کیوں نہیں کرتے؟ آخر ہم کب تک ابا جان کا نیلی گرام امی جان کی خدمت میں اور امی جان کا نیلی گرام ابا جان کی خدمت میں پہنچاتے ہوئے ٹیلی رسانی کے فرائض انجام دیں۔ تاہم یہ مسئلہ ابھی اتنا پیچیدہ نہیں ہوا کہ تعطل دور نہ ہو سکے۔ یوں بھی ازدواجی زندگی بغیر بات کئے بڑے مزے میں گزاری جا سکتی ہے۔ دنیا کی تاریخ میں ایسی کئی مثالیں موجود ہیں کہ بیسیوں جوڑے اپنی ازدواجی زندگی بغیر بات کئے گزار کر اس دنیا سے چل بسے۔ یہاں تک کہ بوقتِ آخر اپنا بولا چالا تک معاف کروانا مناسب نہ سمجھا اور

۵۷

سب سے دلچسپ بات یہ کہ اپنے پیچھے ایک ایک درجن بیٹے بھی رونے دھونے کے لئے چھوڑ گئے۔ فی الحال ہمارا یہ گھریلو مسئلہ اتنی سنگین نوعیت کا نہیں ہے کہ کسی نہ کسی خوشی یا غم کے موقع پر صلح صفائی ہونے کا امکان ہے۔ لیکن پرسوں اچانک یہ انعامی مسئلہ گھر کی چہار دیواری سے نکل کر مزید الجھ گیا۔ ایک پرانے قرض خواہ جنہیں میں تین سو روپے باقی تھا گھر پر دندناتے آئے اور بغیر کسی تمہید کے اپنی رقم کی واپسی کا مطالبہ کیا۔ اس وقت میں نے یہ عذر پیش کیا کہ "بھائی صاحب فی الوقت میری حالت بہت خستہ ہے۔ اگر میں جیتا رہا تو انشاءاللہ چند ہی مہینوں کے اندر آپ کی پائی پائی چکا دوں گا۔"

وہ بولے: "نہیں قبلہ! اب یہ نہیں چل سکے گا۔ اب تک بہت ہو چکا اور کئی بار چکر دے چکے آج تو میں لے کر ہی ٹلوں گا مجھے سب کچھ معلوم ہو چکا ہے۔"

میں نے حیرت سے پوچھا: "کیا معلوم ہو گیا ہے؟ کیا میں نے کوئی بڑی رقم ہتھیالی ہے۔ جو اس طرح کہہ رہے ہو!؟"

وہ طنزیہ مسکراہٹ کے ساتھ فرمانے لگے: "مولانا! اب آپ بننے کی کوشش نہ کیجئے۔" یہ کہتے ہوئے انھوں نے اپنے کوٹ کی جیب میں ہاتھ ڈالا' ایک اردو دیکلی کو نکال کر میرے سامنے پھیلا دیا اور یوں مخاطب ہوئے: "پڑھیئے اس میں کیا لکھا ہے اور یہ سات سو روپے انعام میں کسے ملے ہیں؟ اگر آپ اب بھی بچنے کی کوشش کریں تو مجھ سے برا کوئی نہ ہوگا۔"

میں نے اس اردو دیکلی پر نظر ڈالی۔ واقعی میرے نام کے محاذی سات سو روپے کا انعام درج تھا۔ میں حیران کہ آخر یہ نیوز کیسے چھپ گئی۔ ذرا غور کیا تو بات سمجھ میں آگئی۔ تب میں نے ان سے کہا: "قبلہ اس میں کوئی اصلیت نہیں ہے بلکہ ایک الفاظی چکر ہے۔ اب تو یہ رقمی ہندسہ میرے حق میں الٹ کر زیرو زیرو سیون (007) بن گیا

اور میں مزاح نگار سے جیمس بونڈ زیرو زیرو سیون بن گیا ہوں۔"

انھیں میری بات پر یقین نہ آیا۔ کیسے آتا۔ سودی کاروبار کرنے والے جو ٹھہرے انھیں تو زبان سے کہیں زیادہ پکی روشنائی کی تحریروں پر بھروسہ رہتا ہے۔ مجھے جانچنے کی خاطر کہا: "جناب آپ اس کے خلاف مقدمہ کیوں نہیں دائر کرتے؟"

میں نے کہا: "مقدمہ تو میں دائر کر دوں گا مگر اس شرط پر کہ آپ مزید مجھے پانچ سو روپے دیں۔"

یہ سنتے ہی وہ ایسے چونک پڑے جیسے کسی بجلی کے تار نے انھیں چھو لیا ہو۔ آخر کار جوں توں کر کے بڑی مشکل سے وہ بلا پانچ کے وعدے پر ٹل گئی۔

اب اس انعامی چکر کا احاطہ کافی وسعت اختیار کر گیا ہے۔ روزانہ ہمارے عزیز و اقارب میں سے کوئی نہ کوئی مبارک باد دینے کے لئے ضرور ٹپکتا ہے چنانچہ میں ان رشتے داروں کی آمد سے تنگ آ کر اپنا زیادہ تر وقت باہر ہی گزارنے لگا ہوں لیکن میری بیوی کو اس انعام کا کچھ ایسا یقین ہو گیا ہے کہ وہ اپنے شوہر کی قسمت پر رشک کرتے ہوئے رشتے داروں کی خوب خاطر تواضع کرتی ہے۔ اس طرح مہمانوں کی خوب بن آئی ہے اور میں ہوں کہ صحرا نوردی کرتا اور آہیں بھرتا پھرتا ہوں۔ مختصر یہ کہ

ہم بیاباں میں ہیں اور گھر میں بہار آئی ہے

یہ الجھنیں ہرگز ہرگز پیدا نہ ہوتیں اگر لفافہ مجھے راست ملتا۔ جس دن وہ لفافہ وصول ہوا۔ میں مکان سے باہر تھا۔ جب میں اس دن کی آدھی دھوپ اپنے اوپر گزار کر ٹھیک بارہ بجے جبکہ چیل انڈا چھوڑتی ہے، پسینے میں شرابور گھر پہنچا تو کچھ عجیب سا منظر دیکھا۔ میری بیوی خلاف معمول بنی ٹھنی، منہ میں پان دبائے اور نظریں بچھائے میری منتظر کھڑی تھی۔ گویا تسلی کا سامان بالکل تیار تھا۔ مجھے دیکھتے ہی اس نے کچھ شرماتے ہوئے متاسفانہ لہجے میں کہا: "معاف کرنا میں نے ہمیشہ ہی تمہیں غلط سمجھا۔ اب تو مجھے

یقین ہو گیا کہ تم چوٹی کے ادیب ہو۔"

میں نے اس جملے کو اس دن کی چلچلاتی دھوپ کا اثر سمجھا، لیکن گرمی تب مجھے لگتی تھی، وہ تو گھر کی ٹھنڈی چھاؤں میں تھی۔ میں نے کہا: "پہیلیاں کیوں بجھاتی ہو، صاف کیوں نہیں کہتیں کہ شاپنگ کا ارادہ ہے؟"

اس نے کسی قدر چڑ کر وہ نیم برنگ لفافہ میری طرف بڑھاتے ہوئے کہا: "لیجیے! اردو اکیڈمی کا انعام مبارک ہو۔"

لفافہ دیکھتے ہی ضبط کا یارا نہیں رہا۔ عجیب بدحواسی کے عالم میں بیوی سے کہا: "سیکل! ذرا بیگم کو لانا!"

بیوی نے مسکراتے ہوئے کہا: "آپ کی بدحواسی کا بھی جواب نہیں! آپ تو سیکل کو بیوی کہہ رہے ہیں۔"

میں بیوی اور سیکل کے فرق پر دھیان دیئے بغیر لفافہ لیے باہر نکل پڑا۔ راستے میں اچانک میرے اندر کے فن کار نے آواز دی: "ایسی بھی کیا جلدی! نیوز تو پانچ چھ دن کے بعد بھی چھپ سکتی ہے۔ کم از کم لفافہ کا پسینہ تو سوکھنے دو۔"

اس وقت میری جگہ اگر کوئی اور ہوتا تو شاید اس آواز پر دھیان نہ دیتا۔ میری مزاح نگاری نے مجھے صاف بچا لیا اور میں بجائے نیوز دینے کے سیدھا اپنے ایک دوست کے گھر پہنچا۔ اس نے لفافہ دیکھتے ہی اس زور سے مبارکباد دی کہ پسلیوں میں درد شروع ہو گیا۔ پھر اس نے بڑی بے تکلفی سے میری جیب کاٹ کر پانچ روپے کی مٹھائی منگوائی۔ وہ مٹھائی کھاتا جاتا تھا اور بڑے غور سے لفافہ کا معائنہ کرتا جاتا تھا۔ جب پوری مٹھائی ختم ہو چکی تو اس نے انگلیاں چاٹتے ہوئے کہا: "یار! کیا اب تم نارمل ہو گئے ہو؟ اب میں سیریس (SERIOUS) گفتگو کرنے والا ہوں۔"

۵۷

میں نے کسی قدر بیزارگی سے کہا: "یہ کیا سیریس اور نارمل بک رہے ہو؟"
وہ بولا: "تمہیں معلوم نہیں کہ کل اپریل کی پہلی تاریخ ہے؟ آج اس لفافہ کے ذریعہ "اپریل فول" بنانے کی کوشش کی گئی ہے"۔ یہ کہہ کر اس نے ثبوت کے طور پر لفافہ پر کی مہریں بتائیں جو سب کی سب "مقامی" تھیں۔ اس سے پہلے کہ میرا اعصابی تناؤ ڈھیلا پڑ جاتا، میں نے اس سے پوچھا: "یہی بات تم نے پہلے کیوں نہیں بتائی؟"

وہ مسکرا کر بولا: "اگر میں پہلے ہی بتا دیتا تو یہ مٹھائی کہاں سے نصیب ہوتی اور تم نارمل بھی نہ ہو پاتے"۔

خیر بات آئی گئی ہوگئی اور میں انعامی چکر سے بچ گیا۔ لیکن اس کے لئے پانچ روپئے قیمت ادا کرنی پڑی۔ جب میں مکان کو واپس ہو رہا تھا تو راستے میں ایک ایسے شاعر پر نظر پڑی جو "بات کی پبلسٹی" کے ماہر مانے جاتے ہیں۔ ان کے ساتھ جب کوئی معمولی سا واقعہ بھی پیش آتا ہے تو وہ اس واقعہ کو مختلف افسانوں کے ساتھ اپنے ہر شناسا کو سنانا فرض سمجھتے ہیں۔ چاہے وہ سنتے سنتے بے ہوش ہی کیوں نہ ہو جائے۔ جیسے ہی اُن کی نظریں مجھ پر پڑیں وہ بڑی تیزی سے راستہ کاٹ کر میرے پاس آئے۔ ان کی چال اور حرکات و سکنات یہ بتا رہے تھے کہ وہ بھی "اپریل" کی زد میں آ گئے ہیں یا یوں سمجھئے کہ اس دن کی سورج کی گرمی اور انعام سے ملنے والی رقم کی گرمی نے انھیں "دوآتشہ" بنا دیا تھا۔ ان کے آتے ہی میں نے انجان بن کر پوچھا: "کیا جناب! خیریت ہے؟"

وہ لرزتے ہاتھوں سے لفافہ نکالتے ہوئے بولے: "میرے شعری مجموعے پر اُردو اکیڈیمی نے سات سو روپئے انعام دیئے ہیں"۔

میں نے کہا: "مبارک! لیکن یہ خبر تو ہوٹل میں سنانے کی ہے"۔

وہ بلا چوں و چرا کئے پر راضی ہو گئے۔ ہوٹل میں داخل ہونے کے بعد

جب انھوں نے صرف ایک شخص کے لیے آرڈر دیا تو میں نے پوچھا: "کیا آپ نہیں کھائیںگے؟"

وہ بولے "جب سے لفافہ وصول ہوا ہے، میری بھوک تو بالکل بند ہے۔ البتہ میں چائے پیوں گا۔"

کھانے کے بعد جب وہ بل دے چکے اور اپنی شعری خدمات کا خود اعتراف کر چکے تو میں نے کہا: "اس خاکسار کو بھی سات سو روپے انعام کا لفافہ مل چکا ہے۔ مگر یہ تمام لفافے فرضی ہیں۔"

اس کے بعد میں نے وہ تمام دلائل پیش کئے جو لفافوں کے فرضی ہونے کا کھلا ثبوت تھے۔ مگر ظالم کو اعتبار نہ آیا، اُلٹا فرمانے لگے: "اگر آپ کو یقین نہ ہو تو اپنا انعام مجھے ایک سو روپیوں میں بیچ دیجیے۔"

یہی نہیں، رخصت ہوتے وقت یہ بھی کہا کہ اس قسم کے دو اور لفافے میرے دوستوں کو مل چکے ہیں اور ہم لوگ نیوز بھی جاری کروا چکے ہیں (پتہ نہیں ان حضرات سے کیا بدحواسیاں سرزد ہوئیں)

خیر کچھ ہو، یہ بات تو ماننی پڑتی ہے کہ لفظ "انعام" میں بلا کی سنسنی اور حیرانی پوشیدہ رہتی ہے۔ اس بات کا انکشاف صرف وہی خواتین وحضرات کر سکتے ہیں جنہیں کبھی انعام ملا ہو۔ یا انعام پاتے پاتے رہ گئے ہوں۔ انعام اپنے ساتھ آزمائش کی کڑی منزل بھی لاتا ہے۔ یہیں سے بوکھلاہٹ اور بدحواسیوں کا دور شروع ہو جاتا ہے سوچنے سمجھنے کی صلاحیت سلب ہو جاتی ہے۔ ضبط کا یارا نہیں رہتا۔ کسی پہلو قرار نہیں رہتا۔ قوت گویائی خیال کا ساتھ نہیں دیتی۔ رشتوں، ناطوں میں اُلٹ پھیر پڑ جاتا ہے۔ آنکھیں چندھیائی جاتی ہیں۔ اپنی ناک کی حفاظت کا کوئی خیال نہیں رہتا۔ بھوک اور پیاس بند ہو جاتی ہے ـــــ پتہ نہیں کیا کیا بند ہو جاتے ہیں۔ گیان پیٹھ انعام پر تو دل کی حرکت بند ہو سکتی ہے۔ ایک عام انسان کی بات چھوڑیئے۔ ایسے ایسے دانشور،

ادیب اور شاعر جو عوام کی رہنمائی کا دعویٰ کرتے ہیں بالکل برخوردار قسم کے ہو کر رہ جاتے ہیں۔ جب ان تمام بدحواسیوں کے بعد مطلع صاف ہو جاتا ہے تو پتہ چلتا ہے کہ وہ انعام ایک تر نوالا ضرور تھا جسے بدحواسی کے عالم میں نگلنے کی وجہ سے ایک دانہ ہوائی نالی میں داخل ہو کر ندامت کے آنسو لانے کا موجب بنا۔

اب سوال یہ پیدا ہوتا ہے کہ آخر اس پراسرار شخصیت نے ادیبوں اور شاعروں کو ہی کیوں تاکا؟ کیا پچپن کروڑ کی آبادی میں اسے کوئی اور نہیں ملا۔ غالباً اس نے سوچا ہوگا کہ ادیب اور شاعر بالکل "سعدی صاحب کی اشرفی" ہوتے ہیں۔ وہ کچھ کرتے کراتے نہیں سوائے چند طنزیہ جملے اور دو ایک ہجویہ نظمیں لکھنے کے۔ میں نے اس پُراسرار شخص کے متعلق چند باتیں بطورِ خاص نوٹ کیں۔ ہو سکتا ہے آپ بھی متفق ہوں۔

ب سے پہلی بات تو یہ کہ وہ شخص انتہائی معقول قسم کا معلوم ہوتا ہے۔ وہ کسی بھی شاعر اور ادیب کو مایوسی کے عالم میں دیکھنا پسند نہیں کرتا۔ اس لئے اس نے ہر ایک کے نام انعامی لفافے روانہ کئے۔

دوسری بات یہ ہے کہ وہ بڑا حقیقت پسند بھی ہے۔ وہ "حصہ بقدرِ جثہ" کا قائل بھی معلوم ہوتا ہے۔ وہ اگر چاہتا تو بڑی بڑی رقموں کے ملنے کی خوشخبری بھی دے سکتا تھا۔ اس کی جیب سے تو کچھ نہیں جا رہا تھا لیکن اس کے پیشِ نظر یہ بات تھی کہ کہیں کوئی شاعر یا ادیب بڑی رقم کا ہندسہ دیکھتے ہی 'ہا' کہہ کر دم نہ توڑ دے اور مذاق بھیانک شکل اختیار نہ کر لے۔

آخری اہم بات یہ ہے کہ اس اسکیم کو بناتے وقت اسے "مذاقی رشتے" کا خیال نہیں رہا۔ اگر یہ بات اس کے ذہن میں آتی تو وہ اس منصوبے کے تصور سے ہی کاغذ اور قلم چھوڑ دیتا۔

٭ بہرحال انعام، انعام ہی ہے چاہے وہ سادہ کاغذ ہی کی صورت میں کیوں

نہ لے. اس سلسلے میں ادیبوں اور شاعروں کو مایوس نہ ہونا چاہیئے. یہاں مجھے ایک قصہ یاد آرہا ہے جو مَیں نے زمانۂ طالب علمی میں پڑھا تھا ـــــــ کرسمس عید کے موقع پر چند لڑکوں کو مدرسہ کی جانب سے انعامات دیئے گئے. کسی کو کتاب ملی، کسی کو پنسل اور کسی کو قلم' لیکن ان میں ایک لڑکا ایسا بھی تھا جسے ڈرم دیا جاتا ہے. وہ اس انعام کو پاکر اداس ہو جاتا ہے کہ آخر اس انعام کو لے کر کیا کرے، کوئی کتاب ملتی تو پڑھتا کوئی قلم ملتا تو لکھتا. پھر بھی وہ اس انعام کو صحیح طور پر استعمال کرنے کا ارادہ کرلیتا ہے. اتفاق سے انھیں دنوں جنگ چھڑ جاتی ہے. وہ لڑکا اپنے ملک کے سپاہیوں کا حوصلہ بڑھانے کے لئے فوج میں شامل ہوکر ڈرم بجاتا بجاتا ایک دن شہید ہو جاتا ہے.

مَیں نے اس فرضی انعامی لفافے کو یادگار کے طور پر محفوظ رکھا ہے. مَیں اس شخص کو مایوس نہیں کرنا چاہتا. میری عین خواہش ہے کہ اس کی تعویذ بنا کر بطور خاص اپنے ساتھ رکھوں. کیوں کہ یہی کاغذ آج کے ادیب اور شاعر کا مقدر ہے.

ہائے یہ کبڈی کھیل

ہم ایسے کھیل کے قائل نہیں جس میں کھیل ہی کھیل میں جان پر کھیل جانا پڑے جہاں تک کبڈی کا تعلق ہے، یہ ایک ایسا کھیل ہے جس کا ہر لمحہ ایک کھلاڑی کے لئے موت وزیست کا پیغام لے کر آتا ہے۔ یہ کھیل اُن ہی کو مبارک جو زندگی سے اکتا گئے ہوں۔ یا پھر اعداد شماری کے اعتبار سے خاندان میں ان کا "سلسلہ نمبر" گیارہواں یا بارہواں ہونے کی وجہ سے کوئی مقام نہ ہو۔ بھلا آپ ہی سوچئے وہ کھیل ہی کیا ہوا جس میں ایک کھلاڑی کے معذور ہونے کے پورے پورے امکانات موجود ہوں اور جس میں سات کھلاڑی مل کر ایک کھلاڑی کی ہڈی پسلی گول کرتے ہوں۔ دوسرے کھیلوں کے تعلق سے یہ بات نہیں کہی جاسکتی۔ مثال کے طور پر کرکٹ جیسے خطرناک کھیل ہی کو لیجئے۔ اس میں ایک کھلاڑی کی حفاظت کے لیئے پورے سازو سامان موجود ہوتے ہیں۔ ہاتھوں کی حفاظت کے لیئے گلوزس موجود تو پیروں کی نگہداشت کے لیئے بوٹ اور پیڈس حاضر۔ گولہ کو ہٹ لگانے کے لئے ہاتھ میں بیاٹ الگ موجود۔ گویا کھلاڑی نہ ہوا بلکہ اچھا خاصہ زرہ بکتر پہنا ہوا سپاہی ہو۔ پھر بولر کے گولہ پھینکنے پر کھلاڑی کو وکٹوں کے بازو ہٹ جانے کی پوری پوری آزادی حاصل۔ ہو سکتا ہے اس دانستہ

یا نادانستہ حرکت پر کھلاڑی آؤٹ ہو جائے اور اس کی ناک کٹ جائے۔ لیکن جان کے لالے تو نہیں پڑتے۔ خیر! کرکٹ کو چھوڑیئے۔ ہاکی کی مثال لیجیے۔ اس کھیل میں ایک کھلاڑی اپنی اسٹک کو نہ صرف گول کو ہٹ لگانے کے لیے استعمال کر سکتا ہے بلکہ وقت پڑنے پر اس کو "لٹھ" کے طور پر مخالف ٹیم پہ حملہ آور ہونے یا حفاظت خود اختیاری کی خاطر حسب استطاعت مدافعت کرنے کے لیے بھی استعمال کر سکتا ہے۔ ان تمام حقائق کو شاید آپ کبڈی کے خلاف زہر فشانی تصور کر کے یہ سمجھ رہے ہوں گے کہ ہم نے کبھی کبڈی کے میدان میں بری طرح منہ کی کھائی ہے۔ آپ کے اندازے بالکل صحیح ہیں اور ساتھ ہی شرافت کا واسطہ دے کر ہم آپ سے یہ توقع کرتے ہیں کہ آپ ہی انصاف کریں کہ ہم اس معاملے میں کس حد تک حق بجانب ہیں۔

آج سے کوئی تین سال پہلے کا واقعہ ہے جب کہ تعلیمی سال قریب الختم تھا۔ ہر اسکول میں "جلسہ سالانہ" کی دھوم تھی۔ طلباء امتحان سے بے پرواہ ہو کر نصابی کتابوں کو طاقوں میں سجائے ——— "زاید از نصاب مصروفیات" میں مشغول ہو چکے تھے۔ ویسے میں قوم کے معماروں کو بھی یہ سوجھی کہ ایک مرکز کے مدرسین دوسرے مرکز کے مدرسین سے آپس میں مختلف گیمس واسپورٹس میں مقابلہ کریں۔ دوسرے گیمس کا کیا حال ہوا ہمیں معلوم نہیں۔ البتہ کبڈی کی حد تک یہ مشکل آن پڑی تھی کہ ہمارے مرکز میں کھلاڑیوں کا بہت بڑا کال تھا۔ بڑی مشکل سے چھ کھلاڑی (مدرسین) دریافت کیے گئے۔ مزید ساتواں کھلاڑی (مدرس) ہنوز دریافت طلب تھا۔ حسن اتفاق سے "قرعۂ فال بنام من دیوانہ زوند" کے مصداق نظر انتخاب ہم پر پڑی۔ کپتان صاحب ہم سے رجوع ہوئے اور التماس کی کہ ہم ان کی ٹیم میں شامل ہو جائیں اور اپنے جوہر دکھلائیں۔

ہم نے نہایت ہی انکساری سے عرض کیا "حضور! جوہر تو جوہری کے پاس ہوتا ہے! خادم کس شمار میں؟"

کپتان صاحب جھینپ سے گئے۔ بولے "میرا مطلب ہے کہ آپ کی شمولیت سے ٹیم میں توازن پیدا ہوگا۔"

ہم نے کہا "وہ تو ٹھیک ہے! لیکن جب دونوں ٹیموں میں توازن پیدا ہوگا تو ہار جیت کا فیصلہ نہ ہو سکے گا۔ اس لئے اس خاکسار پر رحم کریں۔"

اس ردّ و کد کی ضرورت یوں پیش آئی کہ ہم کسی نہ کسی طرح کپتان صاحب کو دفع کرنا چاہتے تھے۔ انھیں ہمارے تعلق سے ایک غلط فہمی پیدا ہوگئی تھی۔ وہ ہمارا کیرم بورڈ کا کھیل دیکھ کر یہ سمجھ بیٹھے تھے کہ ہم دیگر کھیلوں میں بھی ویسے ہی منجھے ہوئے کھلاڑی ہیں۔ اس کے علاوہ انھوں نے ہمیں پرائمری کلاسس کے طلباء کو کبڈی کھلاتے دیکھ کر ایک ہونہار کھلاڑی تصور کر لیا تھا۔ ہم ان کی اس غلط فہمی کو دور کر کے ان کی نظروں سے گرجانا نہیں چاہتے تھے۔ لیکن جب حضرت اپنی نظروں سے گرانے پر ہی مصر ہوگئے تو اعتراف کرلینا پڑا کہ ہم صرف کبڈی کی اصطلاحات سے واقف ہیں۔

مسکراتے ہوئے بولے "کوئی بات نہیں! آپ ٹیم میں شامل تو ہوجایئے۔ ہم آپ پر آنچ نہیں آنے دیں گے۔ ہمیں تو صرف "کورم" پورا کرنا ہے۔ ورنہ ایک انعام کی کمی رہ جائے گی۔" اب کی بار کپتان نے تاک کر نشانہ مارا۔ لفظ "انعام" سنتے ہی خون لگا کر شہیدوں میں شامل ہوجانے کے لئے رضامندی ظاہر کر دی۔

کھیل شروع ہونے میں ابھی پانچ منٹ باقی تھے۔ جب ہم نے مخالف ٹیم کے کھلاڑیوں پر ایک سرسری نظر ڈالی تو بدن میں ایک جھرجھری سی پیدا ہوگئی۔ خاص طور سے ایک لحیم شحیم کھلاڑی کو دیکھ کر۔ پتہ نہیں کم بخت! امریکہ کے علاوہ کس ملک سے درآمد کئے ہوئے گیہوں کا آٹا استعمال کرتا تھا۔ ویسے، ہمارے کھلاڑی اتنے گئے گزرے بھی نہ تھے۔ صرف قابلِ رحم حالت تھی تو ہماری تھی۔ کھلاڑیوں میں ہماری حیثیت "انگشت ششم" کی سی تھی جو بدن کا ایک بدنما حصہ تصور کی جاتی ہے (اتفاق سے ہماری بنیان

"6"

پر نمبر چھے ہی درج تھا۔ مزید براں کبڈی کے کورٹ کی بدحالی کا یہ عالم تھا کہ اس پر کہیں کوہ ہمالیہ اُبھر آیا تھا تو کہیں "بیا دری پربت" کا سلسلہ چلا گیا تھا۔ پھلانگنے کے لیے جا بجا چھوٹی بڑی کھائیاں بھی موجود تھیں۔ کورٹ کے قرب و جوار میں چراگاہیں بھی تھیں۔ غرض کہ مُلک کا پورا نقشہ یہیں ابھر آیا تھا۔ کورٹ کی زبوں حالی کو دیکھ کر ہماری حالت اُس نو مشق شاعر کی سی ہو گئی جو کہ "سنگلاخ زمین" میں شعر کہنے کی حماقت کر رہا ہو۔ کھیل سے قبل ریفری نے مختصر سی تقریر کی۔ فرمایا:

"قوم کے معمارو! آج کا یہ کھیل آپ لوگوں کے حق میں ایک ریفریشر کورس، (REFRESHER COURSA) کی حیثیت رکھتا ہے۔ غالباً آپ لوگ بھول چکے ہوں گے کہ اس کھیل میں کھلاڑی مرتا بھی ہے اور زندہ بھی ہوتا ہے۔ دوسرے معنوں میں ریفری کی حیثیت (خود کو بتا کر) حضرت عیسیٰ کی سی ہے جن کے "قُم" کہنے پر مردہ جی اٹھتا تھا لہٰذا آج تمہیں مرنا بھی ہے اور زندہ بھی ہوتا ہے۔"

کبڈی کی اصطلاحات کو تاریخ و جغرافیہ پر منطبق کرتے ہوئے مزید کہا۔ "کورٹ کی سنٹر لائین کو دونوں ملکوں کی سرحد سمجھو۔ اور بک لائین (BUCK LINE) کو ایک دریا سمجھو جسے عبور کر کے حملہ کرنا ضروری ہے۔ ورنہ (SELF OUT) سیلف اوٹ قرار دیئے جاؤ گے" (سلف اوٹ کا مطلب اُنھوں نے "خودکشی" بتایا)۔

پھر کورٹ کی بدحالی کی جانب متوجہ ہو کر فرمایا "آج تمہارا سخت امتحان ہے۔ تمہیں نہ صرف کھیلنا ہے بلکہ کبھی کوہ پیمائی کرنا ہے تو کبھی کھائی پھلانگنا ہے۔ کبھی کبھی منہ کا مزا بدلنے کے لیے جانوروں کو بھی ہانکنا ہے۔ آخر میں، مَیں اُمید کرتا ہوں کہ آپ لوگ نہ صرف اپنا سنگل رول (SINGLE ROLE) بلکہ ڈبل رول اور ہو سکا تو ٹریبل رول (TRIBLE ROLE) ادا کرتے ہوئے بہ یک وقت کھلاڑی، کوہ پیما اور چرواہے کا کام انجام دیں گے۔

اچھا! اب خدا حافظ۔"

اتنے میں ریفری نے وسل بجائی، یہ ہمارے حق میں صور اسرافیل سے کسی طرح کم نہ تھا اس کے ساتھ ہی کھلاڑی کبڈی کے کورٹ میں داخل ہوئے۔ کھیل شروع ہوا۔ مخالف ٹیم کا وہی لحیم شحیم کھلاڑی "کبڈی کبڈی" کہتے ہوئے ہماری ٹیم کی جانب لپکا۔ اس کو آتا دیکھکر ہم اپنے ساتھی کھلاڑیوں کے پیچھے "جائے پناہ" تلاش کرنے لگے۔ اس کشمکش میں ہمارے تین کھلاڑی آوٹ ہو گئے اب ہماری ٹیم کی باری تھی۔ ہمارا ایک کھلاڑی نکلا ہی چاہتا تھا کہ پبلک کا ایک شور و غوغا بلند ہوا۔

"نمبر چھ کو بھیجو!"

"چھکا WANTED!"

"چھنگی WANTED!"

مشتاقان دید کی فرمائش پر ہمارے کپتان نے ہمیں اپنا فن پیش کرنے کا اشارہ کیا۔ یہ ہمارے حق میں اشارہ نہیں تھا بلکہ موت کا ایک سگنل تھا۔ کپتان کے حکم کی تعمیل میں ہم مجمع پر ایک حسرت بھری نظر ڈالتے ہوئے سنٹر لائین کی طرف بڑھے۔ اس وقت ہم پر سکرات کا سا عالم طاری تھا۔ اور نہ جانے کیوں رہ رہ کر یہ شعر زبان پر آتا تھا۔

دیکھ گرا سکرات کا سگنل اے سمجھ مت کھیل
چھوڑ مسافر لائین بقا کی آئی فنا کی ریل　!

جب ہم سنٹر لائین کی قریب پہنچ گئے تو چند سکنڈ کے لئے رک گئے۔ یہیں سے ہمیں "کبڈی کبڈی" کہتے ہوئے مخالف ٹیم کی جانب بڑھنا تھا۔ اس وقت ہماری نظریں مخالف کھلاڑیوں کی طرف اٹھنے کی بجائے یکایک آسمان کی طرف اٹھ گئیں۔ ایک رقت سی طاری ہو گئی فوراً گناہوں سے توبہ کر لی۔ اس خیال سے کہ پھر اس کا موقعہ ملے کہ نہ ملے۔ کیوں کہ مجمع ہمیں دم توڑتے ہوئے دیکھنے کا آرزومند تھا۔

اتنے میں ریفری نے سیٹی بجا کر اشارہ کیا کہ "دیر ہو رہی ہے، آگے بڑھو!"

لیکن جیسے ہی ہم نے قدم بڑھانا چاہا تو پیروں نے آگے بڑھنے سے صاف انکار کردیا حلق میں کانٹے پڑ گئے، لفظ 'کبڈی' حلق کے بیچوں بیچ آکر ایسا پھنس گیا کہ کم بخت نہ تو باہر ہی نکلتا تھا اور نہ واپس لوٹ جاتا تھا۔ جب پبلک کا بے حد شور بلند ہوا تو ہم نے پھیپھڑوں پر بہت زور ڈالا۔ جب کہیں جا کر بڑی مشکل سے ایک منحنی سی آواز "کا۔ با۔ ڈی" حلق سے اس انداز سے نکلی جیسے یہ آواز کسی گہرے اندھے کنوئیں سے بلند ہو رہی ہو۔ پہلے تو ہمیں اپنی آواز ہونے پر شبہ ہوا۔ لیکن جب ریفری نے "LOUDLY PLEASE!" کی وارننگ دی تو یہ شبہ رفع ہوا اور ہم 'کا باڈی' 'کا باڈی' کہتے ہوئے یوں بڑھے، جیسے کوئی ٹرین ایک اسٹیشن سے آہستہ آہستہ "چھوک' چھوک" کہتی ہوئی نکلتی ہو۔ بڑھنے کو تو ہم سنٹر لائین سے بڑھے، مگر بک لائین کو عبور کرنا ہمارے لیئے ایک بہت بڑا پرابلم بن گیا تھا۔ کیوں کہ وہاں دو ہی لحیم شحیم کھلاڑی گلیور کی طرح کھڑا یوں گھور رہا تھا جیسے ہم کوئی "بالشتے" ہوں۔ عموماً کبڈی میں یہ ہوتا ہے کہ ایک کھلاڑی کو آتا دیکھ کر مخالف ٹیم پر ایک رعب سا چھا جاتا ہے اور کھلاڑیوں میں ایک ہلچل سی مچ جاتی ہے۔ لیکن یہاں تو معاملہ اس کے بالکل برعکس تھا۔ یعنی کہ 'ہلچل' صرف ہم میں ہی مچی ہوئی تھی اور ہم "کبڈی' کبڈی" کہتے ہوئے سنٹر لائین کے قریب ہی ایک قدم آگے تو دو قدم پیچھے کے تناسب سے ناچ رہے تھے۔ ہونا تو یہ چاہیئے تھا کہ بک لائین کو عبور کر کے حملہ کرتے۔ مگر اب حملہ تو کجا، اُس لائین کو چھو لینا ہی ایک معجزہ سے کسی طرح کم نہ تھا اتنے میں ایک نئی افتاد یہ آ پڑی کہ مسلسل ایک منٹ تک "کبڈی' کبڈی" کہنے کی وجہ سے سانس نقطۂ عروج کو پہنچ کر اکھڑ جانے کے قریب پہنچ چکی تھی۔ جس کے ساتھ ہی ہمارا بھی اس جہاں سے اکھڑ جانا ضروری تھا۔ آخرکار جی کڑا کر کے ہم نے ایک پیر بک لائین کے اس پار رکھ ہی دیا۔ لیکن دوسرے ہی لمحہ میں اس دیو کا ہاتھ ہم پر پڑا۔ ہم نے تھوڑی سی پھرتی دکھائی ضرور۔ لیکن اس بدنصیبی کو کیا کہیے کہ ہماری بنیان اس کی گرفت میں آگئی۔

ادھر ہم اس کی گرفت سے آزاد ہونے کے لئے زور لگانے لگے۔ اور اُدھر وہ ہمیں کیفرِ کردار کو پہنچانے پر اٹل تھا۔ اس کشمکش میں ہماری بوسیدہ بنیان (جسے ہم نے مصلحتاً پہن رکھی تھی تاکہ اُڑے وقت کام آئے) "پچرر" کے ساتھ پھٹی اور ہم یوں آزاد ہوئے جیسے کوئی سانپ اپنی کینچلی چھوڑ کر آزاد ہوتا ہو۔ جیسے ہی ہم آزاد ہوئے اس دیو نے ایک اڑنگ لگائی جس کے ساتھ ہی ہم فضاء میں بلند ہوئے اور پھر چاروں شانے چت سنٹر لائین پر گر کر دنیا و ما فیہا سے بالکل بے خبر ہو گئے۔ آنکھ جب کھلی تو پتہ چلا کہ کھیل کا 'فرسٹ ہاف' (FIRST HALF) ختم ہو چکا ہے۔ اور آخری راؤنڈ باقی ہے۔

کھیل کا آخری راؤنڈ شروع ہونے والا تھا۔ ہماری ٹیم مخالف ٹیم سے پانچ پوائنٹس پیچھے تھی۔ ہمارے کپتان نے از سرِ نو اپنی ٹیم کا جائزہ لیا۔ پوری کی پوری ٹیم "بیت المعذورین" میں داخلہ کی مستحق تھی۔ ہمیں تو بیساکھیوں کے سہارے کی ضرورت پیش آ رہی تھی۔ ہم مزید کھیل میں حصہ لینے کے قابل ہی نہیں رہے تھے لیکن کپتان صاحب ہماری نت نئی ٹیکنیکوں سے فائدہ اٹھا کر ہارتی ہوئی بازی کو فتح میں بدل دینا چاہتے تھے۔ اس لیئے وہ ہمارے قریب آئے اور کانا پھوسی کے انداز میں کہا۔ "آؤ! آج تمہارے ستارے عروج پر ہیں۔ شاید تم ہی اس دیو کو آؤٹ کر سکو۔ اس کے بعد ہم نمٹ لیں گے۔"

کھیل اور جنگ میں کپتان کے حکم کو ٹالا نہیں جا سکتا۔ لہٰذا کپتان کا حکم سر آنکھوں پر" کہتے ہوئے ہم ٹیم میں شامل ہو گئے۔ کپتان صاحب کو یہ کیا معلوم تھا کہ ابتداء میں وہ دیو جو آؤٹ ہوا تھا صرف ہماری بنیان کی کرامت تھی۔

کھیل کا آخری راؤنڈ شروع ہوا۔ مخالف ٹیم اس دیو کی موجودگی میں کھیل کو جلد از جلد فیصلہ کن منزل تک پہنچانا چاہتی تھی۔ اس لیئے اسی دیو نے شعلہ باز آنکھوں

سے "کبڈی کبڈی" کہتے ہوئے ہمارے کورٹ میں قدم رکھا۔ اس کو آتا دیکھ کر ہم نے فوراً بیاک پوزیشن BACK POSITION سنبھالی تاکہ اس کی زد میں آنے سے محفوظ رہ سکیں۔ اتنے میں ہمارے دو کھلاڑی اس کی ٹانگوں کو بُری طرح لپٹ گئے اور دونوں نے کمر پکڑ لی۔ مزید دو اوپر گرنا ہی چاہتے تھے کہ بازو لڑھک گئے۔ وہ دیو ہمارے کھلاڑیوں کو خاطر میں لائے بغیر سنٹر لائین کی جانب یوں گھسیٹ کر لے جانے لگا جیسے کوئی بڑا اژدھا دو چار مکوڑوں کی پرواہ کئے بغیر اطمینان سے رینگ رہا ہو۔ اب تمام تر ذمہ داری ہمارے نازک کندھوں پر آپڑی تھی۔ لیکن ہم ایک عجیب طرح کی ذہنی کشمکش میں مُبتلا تھے۔ اتنے میں تماشہ بین حضرات نے ہمیں غیرت دلائی۔

"نمبر چھ شرم کرو!"

"نمبر چھ واپس جاؤ!"

ہم نے آخری "نعرہ نمبر چھ واپس جاؤ!" کو ایک نعمت غیر مترقبہ جان کر واپس چلے جانا ہی مناسب سمجھا تھا کہ عین موقع پر ہماری سوئی ہوئی غیرت نے ہمیں للکارا۔ فوراً ساتھیوں کی سپورٹ (SUPPORT) کے لیئے پہنچ گئے۔ ابھی ہم اُس دیو کی کمر پکڑنے بھی نہ پائے تھے کہ ایک زوردار ہاتھ منہ پر پڑا ——— یکایک تاریکی چھا گئی۔ اور چاروں طرف جگنو چمکنے لگے۔ جی میں آیا کہ اسی کو بے ہوشی کا ایک بہانہ تراش کر وہیں دراز ہو جائیں۔ لیکن یہ موقع بہانہ تراشنے کا نہ تھا۔ بحیثیت کھلاڑی ہمیں آخر کچھ نہ کچھ کرنا ہی تھا۔ اُسی وقت ہمیں ایک تدبیر سوجھی جو ایک شرارت سے کسی طرح کم نہ تھی۔ ہم نے "اسپورٹس مین اسپرٹ" کو بالائے طاق رکھ کر اس دیو کا ہاتھ یا ٹانگ پکڑنے کی بجائے اس کی نیکر کو پکڑ کر کھینچنا شروع کیا۔ نتیجہ خاطر خواہ برآمد ہونے کی توقع سا تھ ہی پیدا ہوئی۔ ہم نے اپنی رہی سہی طاقت بھی لگا دی۔ پھر کیا تھا۔ اس دیو نے "کبڈی کبڈی" کہنے کے بجائے "ہائے ہی

نیکر کہتے ہوئے سنٹر لائین کی جانب بڑھنے والے ہاتھ سے فوراً اسے تھام لیا۔ ورنہ نتیجہ صاف ظاہر تھا۔ اس کی سانس ٹوٹنی ہی تھی کہ ہمارے کھلاڑی گرد جھاڑتے ہوئے اُٹھ کھڑے ہوئے۔ ساتھ ہی وہ دیو بھی اپنے جسم کی گرد جھاڑتے ہوئے کھڑا ہوا۔ اور حید آباد کے سے انداز میں یوں بڑبڑانے لگا۔

"کیا یہ اسپورٹس مین اسپرٹ ہے!؟"

"ہم نے ترکی بہ ترکی جواب دیا۔ "پھر آپ کی یہ "جنگجوانہ اسپرٹ" کیا ہے؟"

وہ ہم پر ہاتھ اٹھانا ہی چاہتا تھا کہ فوراً ریفری نے مداخلت کرتے ہوئے اُس سے پوچھا۔

جناب! آخر معاملہ کیا ہے؟"

وہ جواب دینے کے بجائے ہمیں قہر آلود نگاہوں سے گھورنے لگا۔ تمام لوگ حیران تھے کہ وہ گم صُم کیوں ہے، جواب کیوں نہیں دیتا اور اُس کے آؤٹ ہونے کا راز کیا تھا!

اس کا آؤٹ ہونا ہی تھا کہ ہمارے کھلاڑیوں نے مخالف ٹیم کے کھلاڑیوں کو یکے بعد دیگرے آؤٹ کیا۔ کھیل جب ختم ہوا تو ہماری ٹیم دو پوائنٹس سے میچ جیت چکی تھی۔

وہ دن اور آج کا دن، ہم نے پھر کبھی کبڈی نہیں کھیلی۔ اور نہ کھیلنے کے متمنی ہیں۔ البتہ رہ رہ کر وہ دن ضرور یاد آتا ہے جب کہ ہم نے دھاندلی مچا کر میچ جیت لیا تھا۔ لیکن حقیقت تو یہ تھی کہ مخالف ٹیم ہر لحاظ سے انعام کی مستحق تھی ہماری ٹیم نے بازی جیت کر بھی بازی ہاری اور مخالف ٹیم نے بازی ہار کر دلوں کو جیت لیا۔ جو کائنات کی سب سے بڑی فتح ہے۔

آج بھی جب ہم اس جیتے ہوئے کپ دھرے پر نظر ڈالتے ہیں تو وہ ہمارا منہ چڑانے لگتا ہے!!!

۱۰

ریڈی میڈ عید

شوال کی پہلی تاریخ کو عیدگاہ میں نماز پڑھ کر اگلے رمضان تک خُدا کو بھول جانے کا نام عیدالفطر ہے ویسے درمیان میں ایک اور عید آ جاتی ہے جب کہ عیدگاہ جانا پڑتا ہے لیکن یہ عید "آئی گئی" طرح کی ہوتی ہے۔ بس یوں سمجھئے کہ ادھر عید کا ذکر چھڑا، اور بات آئی گئی ہو گئی۔ مگر رمضان کی بات ہی کچھ اور ہے۔ رمضان کا چاند دیکھتے ہی مردوں کے چہروں کا جلال یوں غائب ہو جاتا ہے جیسے کسی نے بھری پُری تقریب میں لائٹ کا سوئچ آف کر دیا ہو۔ اس کی وجہ یہ نہیں کہ روزے رکھنے پڑتے ہیں اور نفس کو مارنا پڑتا ہے، بلکہ اصلی سبب یہ ہے کہ لوگ عید کی تیاری کے تصور ہی سے کانپ کانپ جاتے ہیں۔ گویا عید کی تیاری نہ ہوئی، جنگ کی تیاری ہوئی۔ اور یہ حقیقت بھی ہے کہ رمضان کی پہلی تاریخ ہی سے جنگ کے بادلوں کی طرح عید کے بادل منڈلانے لگتے ہیں۔ مردوں پہ بُرا وقت آ جاتا ہے۔ وہ بیویوں کے بالکل مطیع و فرمانبردار ہو کر رہ جاتے ہیں۔ بیویاں گھر کی کمان پوری طرح اپنے ہاتھ میں لے لیتی ہیں۔ لوگوں میں مسابقتی دوڑ شروع ہو جاتی ہے۔ قرض لینے کا رجحان تیزی سے پروان چڑھتا ہے، لوگ حصولِ قرض کے لئے مارے مارے پھرتے ہیں۔ سرکاری ملازمین کی

خدتک یہ سہولت حاصل رہتی ہے کہ وہ سال میں ایک مرتبہ بلا سودی عید کا قرض حاصل کر سکتے ہیں۔ اس سہولت کا ملازمین بھی خوب فائدہ اُٹھاتے ہیں۔ وہ اس خوبی سے حکومت کو چکمہ دیتے ہیں کہ یہ پتہ لگانا مشکل ہو جاتا ہے کہ کس نے کون سی عید منائی اس سلسلہ میں ہم اپنی ہی مثال پیش کرتے ہیں۔ گزشتہ دیپاولی کے موقع پر ہم نے دیپاولی کا قرض حاصل کیا تھا۔ چونکیے مت۔ بات صرف اتنی ہے کہ ہم نے دیپاولی کا قرض لے کر لائٹ کا وہ بل (۷۷/۵) ادا کیا تھا جو پچھلے تین چار ماہ سے ہمارے گھر کے بجٹ میں بقایا کے طور پر چلا آرہا تھا۔ اگر ہم اس دیپاولی سے فائدہ نہ اٹھاتے تو یقین جانئے گھر میں تیل کے دیپ جلانے پڑتے۔

ہمارے ایک دوست ہیں آنند۔ انھوں نے چند روز پہلے رمضان کی عید کا قرض حاصل کیا تھا۔ وجہ یہ نہیں کہ انھیں رمضان کی عید کی تیاری کرنی تھی بلکہ وہ اس سنہری موقع سے فائدہ اٹھا کر نل کا ٹیکس ادا کرنا چاہتے تھے جو پچھلے کئی ماہ سے ان کے لئے دردِ سر بنا ہوا تھا۔ واقعی پیسہ ہی سب سے بڑی عید ہے۔

آیئے اب ہم آپ کو عید کی تیاری کے تعلق سے ایک راز کی بات بتائیں۔ ہم تو چاہتے تھے کہ یہ راز اپنے سینہ میں ہی چھپائے اس دنیا سے گذر جائیں جس طرح بعض حکماء اپنے کسی خاص خاندانی نسخہ کو اپنے ہی سینہ میں دبائے اس جہانِ فانی سے کوچ کر جاتے ہیں۔ اس وقت ہمارے پیش نظر اپنی برادری کی بھلائی ہے۔ البتہ ہو سکتا ہے خواتین، خاص طور پر بیویاں سخت برہم ہو کر آپے سے باہر ہو جائیں اور ہمیں روایتی انداز میں کوسنا شروع کر دیں۔ ہمیں ان کا "کوسنا" منظور ہے۔ بس سال جب عید قریب آگئی اور بیوی کی فرمائشیں حد سے تجاوز کر گئیں تو ہم لاچار ہو گئے اس وقت ہم نے بڑی چالاکی سے ایک نسخہ دریافت کیا جس کا نام ہے "ریڈی میڈ عید" اس کی ترکیب استعمال یہ ہے کہ عید سے ایک دن پہلے آپ جیب میں کچھ روپئے

ڈال کر یوں ہی گھومنے کے لئے نکل جائیے۔ گھر والوں کو صرف اتنا ہی معلوم ہو کہ آپ یوں ہی "گھومنے جارہے ہیں" لیکن آپ کا ارادہ عید کی تیاری ہونا چاہیئے۔ بچوں کو آپ اپنے ساتھ ضرور رکھ سکتے ہیں۔ لیکن ایسے بچے نہیں جو ماں کے طرفدار ہوں اور مکان پہنچتے ہی آپ کا پورا بھانڈا پھوڑیں۔ اس مرتبہ عید کی اشیاء کی خریدی کے موقع پر ہمارے ایک ایسے ہی برخوردار، جن پر کافی اعتماد تھا اور جو ہر وقت ہماری محبت کا راگ الاپتے تھے، عین وقت پر اپنی ماں کی حمایت میں کمر کس کر کھڑے ہو گئے۔ ان کا تقاضہ تھا ہم ان کی ماں کے لئے وہ تمام غیر ضروری چیزیں خریدیں جن کا عید سے دور کا بھی تعلق نہ تھا۔ اس وقت ہم نے بڑی ہوشیاری سے ان کا منہ چوٹی دے کر بند کیا۔ ایسی کئی رکاوٹیں آپ کے راستے میں بھی حائل ہو سکتی ہیں جن کو موقع و محل کا لحاظ رکھتے ہوئے اپنی ذہانت سے دور کیا جا سکتا ہے۔ ان تمام احتیاطی تدابیر کے بعد آپ رات کے آخری پہر تک بازار میں گھومتے رہیئے اور وہ تمام ریڈی میڈ اشیاء خرید لیجئے جو عید کے لئے بے حد ضروری ہیں۔ البتہ لپ اسٹک، پاؤڈر، اسنو وغیرہ جیسی غیر ضروری چیزوں کو خریدنے سے سخت اجتناب کیجئے۔ ہاں آپ ہوٹل میں دو تین کٹورے "حلیم" اور کچھ میٹھا وغیرہ کھا سکتے ہیں۔ ورنہ گھومنے کے لئے آپ کے پیروں میں دم خم کہاں سے آئے گا۔

اس کے بعد آپ اس حد تک گھومیئے کہ گھر پہنچتے پہنچتے تک آپ پر غشی طاری ہو جائے اور چکرا کر گر سکیں۔ اس طرح کے عمل سے بیوی باز پرس کرنے کی بجائے آپ کی مزاج پرسی میں لگ جائے گی۔ ان تمام باتوں پر عمل کرنے سے پہلے کسی قریبی ہوٹل میں شیر خرمہ کا آرڈر دینا نہ بھولیے گا، ورنہ کہیں ایسا نہ ہو کہ آپ واقعی بے ہوش ہو جائیں اور بغیر شیر خرمہ کی عید منانی پڑے۔ چلیے اس طرح تقریباً تین چوتھائی عید تو مکمل ہو گئی۔ دوسرے دن عید کی نماز کے بعد مکان لوٹتے وقت کسی گوشہ دان میں شیر خرمہ بھر کر لا لیجئے۔ گھر میں اگر توشہ دان نہ ہو تو بگونے سے بھی کام چل سکتا ہے۔ شیر لانے کی ضرورت

نہیں اور اس میں شرمانے کی بھی کیا بات ہے۔ آپ تو روزانہ توشہ دانوں، بگونوں اور کٹوروں میں "حلیم" "ہریسہ" اور "نہاری" وغیرہ لانے کے عادی تو ہیں۔ عید کے دن توشہ دان یا بگونے میں شیرخورمہ لانے سے کیا فرق پڑ جائے گا۔ اس طرح عید کی ایک بہت بڑی ذمہ داری سے آپ نے سبکدوشی حاصل کر لی اور درزیوں، گوالوں وغیرہ کے آگے سجدہ ریز ہونے سے بچ گئے۔

اب آپ یہ پوچھیں گے کہ جناب، یہ تو صرف آخری دن کی حد تک پہنچنے کی ترکیب ہوئی۔ باقی انتیس دن تک کے لئے گھر والوں کے سوال و جواب سے محفوظ رہنے کا کیا طریقہ ہے؟ تو اس کی بہترین ترکیب یہ ہے کہ آپ اپنے اوپر خاموشی طاری کر لیں۔ بوڑھے تو آپ ہوتے ہی ہیں، (دوسروں کے تعلق سے اچھا گمان رکھنا چاہئے) "میں چپ رہوں گا" کا عہد کرنے سے کوئی خاص فرق نہیں پڑے گا۔ بلکہ دنیا و عاقبت دونوں سنور جائیں گے لہٰذا آپ خاموش رہنے کا پروگرام کچھ اس طرح ترتیب دیجئے:

فجر کی نماز سے فارغ ہوتے ہی آپ گھر کا رُخ مت کیجئے بلکہ مسجد میں ہی کچھ دیر ٹھیر کر اشراق کی نماز ادا کیجئے۔ پھر اس کی کچھ دیر بعد چاشت کی نماز ادا کیجئے اس وقت تک دفتر کا وقت ہو جائے گا۔ فوراً گھر تشریف لائیے اور دفتر کے لئے نکل کھڑے ہو جائیے۔ اگر گھر میں کسی نے کچھ گفتگو کرنے کی کوشش کی تو صرف اشاروں اور کنایوں میں ضروری جوابات دیجئے۔ کبھی کبھی قہرآلود نگاہیں بھی ڈالیئے پھر دفتر کی راہ لیجئے دفتر پہنچ کر آپ جتنا چاہیں چہک سکتے ہیں۔ گھر والے تو دیکھنے آنے سے تو رہے۔ شام کو دفتر سے گھر لوٹنے تک پانچ بج جائیں گے۔ اس وقت تک عصر کی نماز کا وقت بھی ہو جائے گا۔ مکان میں قدم رکھتے ہی ایک ٹانگ پر کھڑے رہیئے، بس ادھر کپڑے بدلے اور مسجد کی راہ لی۔ مسجد میں عصر کی نماز پڑھیئے اور بعد فراغتِ نماز وظیفہ میں معروف ہو جائیے۔ تب تک آفتاب غروب ہو جائے گا اور افطار کا وقت آ جائیگا۔

افطاری ذرا اطمینان ہی سے کھائیے۔ پھر مغرب کی نماز ادا کیجئے۔ اگر آپ نے افطاری اطمینان سے نہ کھائی ہو تو دو چار منٹ کے لئے گھر آجائیے۔ اس وقت بھی آپ کی زبان پر کوئی نہ کوئی ورد جاری رہنا چاہیئے۔ جھٹ پٹ دو چار لقمے کھا لیجئے اور پھر مسجد کی راہ لیجئے۔ تب تک عشاء کی نماز کا وقت ہو جائے گا۔ اگر نہ ہوا ہو تو تب تک خدا کا ذکر کیجئے۔ پھر عشاء کی نماز کا وقت آ جائے گا۔ نماز پڑھیئے اور پھر تراویح کی نماز ادا کیجئے۔ اس وقت تک رات کے گیارہ بج چکے ہوں گے۔ گھر مت آیئے۔ وہیں کسی دیوار کے سہارے بیٹھے بیٹھے کچھ دیر کے لئے سستا لیجئے۔ پھر قضائے عمری کی نمازیں ادا کیجئے۔ تب تک تہجد کی نماز کا وقت ہو جائے گا۔ تہجد کی نماز پڑھیئے اور گھر آیئے (یہاں مصنف گھر لانے پر مجبور ہے) زبان پر کوئی نہ کوئی ذکر جاری رہے۔ ورنہ کوئی نہ کوئی مخل ہونے کی کوشش کرے گا۔ پھر سحر کھائیے اور کسی کے کچھ پوچھنے سے قبل ہی مسجد کی طرف چل پڑیئے۔ پھر فجر کی نماز کی تیاری کیجئے۔ یہ رہا پورے چوبیس گھنٹوں کا ٹائم ٹیبل۔ اسی کو روزانہ دھراتے رہیئے۔ جب تک کہ عید آ جائے۔ پھر دیکھئے کہ آپ کے چہرے پر کس طرح نورانیت برسنے لگتی ہے (یہ الگ بات ہے کہ گھر میں قدم رکھتے ہی وحشت برسنے لگے گی) اگر آپ اگلی عید تک قرض خواہوں کے جھنجٹ میں نہ پڑنا چاہتے ہوں تو اس فارمولے پر عمل کیجئے۔ یہ صحیح ہے کہ

ع　　مگر اس میں پڑتی ہے محنت زیادہ

آخر ہم ایک اہم بات بتانا بھول ہی گئے۔

نسخہ تو بہت پہلے بتایا۔ ترکیب استعمال بھی بتائی۔ البتہ پرہیز کا کہیں خاص طور سے ذکر نہیں کیا یہ تو آپ کو معلوم ہی ہے کہ پرہیز کے بغیر اعلیٰ سے اعلیٰ قسم کی دوا کارگر ثابت نہیں ہو سکتی۔ اگر آپ پرہیز کا خاص طور پر خیال رکھیں تو معمولی سے معمولی دوا بھی وہ اثر دکھاتی ہے کہ آپ ششدر رہ جاتے ہیں۔ بلکہ بعض دوائیں تو محض پرہیز ہی کا

رہینِ منت ہوتی ہیں۔ جن دنوں ہم نے اس نسخہ پر عمل کیا، بعض کٹھن مراحل سے گذرے لیکن ہم نے اپنے پائے استقلال میں ذرا بھی جنبش نہ آنے دی اور بڑی سختی کے ساتھ حسبِ ذیل چیزوں پر عمل پیرا رہے۔

جب بیوی نے ہمیں اڑوس پڑوس کی عید کی تیاریوں کے حوالوں سے طعنے دینے شروع کئے تو ہم نے ایک کان سے سُنا اور دوسرے کان سے اُڑا دیا اور جب کبھی جوش میں آنے کی نوبت آئی تو فوراً ہم نے برف کی تھیلی اپنے سر پہ رکھ لی۔ اگر برف نہ ملا تو ٹھنڈے پانی کی پٹیاں استعمال کیں۔

بیوی نے جب آنسوؤں کے بڑے بڑے دریا بہائے تو ہم نے بڑی پامردی سے انھیں تیر کر پار کیا کبھی اپنے آپ کو غرق ہونے نہ دیا۔

جب یہ تمام حربے ناکارہ ثابت ہو چکے تو بیگم نے ایک آخری حربہ استعمال کرتے ہوئے افسردہ لہجے میں یوں کہا تھا ــــ "ہمارا کیا ہے..... ہم بغیر نئے کپڑوں کے بھی عید منا سکتے ہیں..... آپ کا حال مجھ سے دیکھا نہیں جاتا..... کم از کم اس عید کے بہانے ایک ٹرلین کی شیروانی سوالیں تو کتنا اچھا رہے گا.....

..... دفتر جانے والوں کو ایک سے دو قیمتی جوڑے ہونے ہی چاہیں.....!"

اب آپ ان جملوں پر غور کیجئے کہ کس طرح قتل کے سامان مہیا کئے گئے ہیں آخری دو جملے تو اتنے مہلک ہیں کہ کوئی بھی سیدھا سادا مرد آسانی سے بوتل میں اُتر سکتا ہے۔ اگر آپ ان جملوں کی گہرائی میں جائیں تو پتہ چلے گا کہ کس طرح بیوی نے ہمارے توسط سے اپنے لئے ٹرلین کی ساڑی کا بندوبست کر لیا تھا۔ وہ تو ہم ہی تھے جو اپنے آپ کو صاف بچا لے گئے۔

عید چاہے ریڈی میڈ ہو کہ ہوم میڈ، بہر حال کسی نہ کسی طرح ہو ہی جاتی ہے لیکن "عید ملاقات" کے بغیر وہ یوں ادھوری رہ جاتی ہے جیسے کسی نے ایک آستین

کی شیروانی چھین لی ہو۔ یا کسی شاعر نے بغیر مقطع والی غزل کہہ دی ہو۔ چنانچہ یہی وجہ ہے کہ عید کی نماز سے فارغ ہوتے ہی عید کے ملاقاتیوں کا ایک تانتا سا لگ جاتا ہے ان ملاقاتیوں میں سب سے پہلے آپ کو اپنے گھر والوں سے سابقہ پڑتا ہے۔ وہ آپ سے عید کی ملاقات کم کرتے ہیں اور "عیدی" زیادہ وصول کرتے ہیں۔ ابھی آپ ان سے پوری طرح نپٹنے بھی نہیں پاتے کہ آپ کا دھوبی آکر آپ کو عید کی مبارکباد دیتا ہے اور "انعام" کا تقاضا شروع کر دیتا ہے۔ لیکن یہ انعام بھی ایک عجیب و غریب شئے ہے۔ یہ وہ انعام نہیں جو کسی کارہائے نمایاں کے انجام دینے پر دیا جاتا ہو۔ بلکہ یہ وہ انعام ہے جسے عرف عام "بخشش" کہتے ہیں۔ آپ ان اصطلاحوں سے بالاتر ہو کر مسکراتے ہوئے اپنے دھوبی کو، جس نے کبھی وقت پر کپڑے نہیں لائے تھے، کچھ نہ کچھ پیسے دے دیتے ہیں۔ ابھی آپ اپنی دریوزہ گری پر افسوس کرنے بھی نہیں پاتے کہ ایک اور صاحب آ دھمکتے ہیں۔ یہ وہی صاحب ہیں جو فقیر کے روپ میں ناصح بن کر سحر کو جگانے کی مذمت کیا کرتے تھے۔ لیکن ان کی سحر کا وقت سینما کے سکنڈ شو کے اختتام کے بعد سے شروع ہوتا تھا۔ یہ وہی حضرت ہیں جنہوں نے "عبادت" کو "عبابت" کہہ کر آپ کو جگایا تھا اور خود جاکر چین کی نیند سو گئے تھے۔ یہ وہی شاعری کے متوالے ہیں جنہوں نے "حمد" کو "ہم"۔ "دو" "یہ" "لکر" کو "فقرے"۔ سراب کو "شراب" پڑھ کر جلیل القدر مرحوم شعرا کی روحوں کو رات کے بارہ بجے بے قرار کر دیا تھا (روحوں کو جگانا اسی عمل کو کہتے ہیں) آپ اس جادوگری سے اتنے خائف رہتے ہیں کہ فوراً اپنی جیب سے پیسے نکال کر دے دیتے ہیں کہ کہیں وہ اس عمل کو آپ پر بھی نہ آزمائے ابھی آپ اس فقیر سے چھٹکارا بھی نہیں پاتے کہ صفائی والی آکر آپ کی جیب خالی کر جاتی ہے۔ اس کے بعد خاک روب آکر آپ کے مکان میں خاک اڑا جاتا ہے۔ غرض یہ سلسلہ شام تک جاری و ساری رہتا ہے۔

"

ٹھہریئے، ابھی یہ سلسلہ کہاں ختم ہوا۔ دوسرے دن جب آپ انتہائی کس مپرسی کی حالت میں دفتر کو پہنچتے ہیں، تو آپ کے دفتر کا چپراسی دوڑا دوڑا آتا ہے اور فوراً ہی عید کی مبارک باد دے کر کہتا ہے "سرکار! عید کا انعام ـــــ!"

اور یہ حقیقت ہے کہ اس وقت آپ کی حالت خود ایک چپراسی سے کہیں زیادہ بدتر رہتی ہے لیکن فرق صرف اتنا رہتا ہے کہ وہ دوسروں کے آگے ہاتھ پھیلا سکتا ہے، لیکن آپ اپنا ہاتھ کسی دوسرے کے آگے پھیلا نہیں سکتے ـــــ!!

۷۸

میں جب بس ڈپو پہنچا، گیارہ بج چکے تھے۔ بارش کے باوجود پورا بس ڈپو مسافروں سے کھچا کھچ بھرا ہوا تھا۔ تل دھرنے کو جگہ نہ تھی۔ میری سمجھ میں نہ آسکا کہ اتنی بارش میں بھی لوگوں کو ایسا کون اہم کام آن پڑا ہے جو سفر کرنے پر تلے ہوئے ہیں........ یہ دنیا کا چکر بھی عجیب چکر ہے۔ چاہے بارش ہو، چاہے طغیانیاں آجائیں، چاہے زلزلوں سے زمین کا سینہ ہی کیوں نہ دہل جائے، یہ دنیا کا کام رکنے کا نہیں اور انسان کو پل بھر کے لئے سکون نہیں۔

کچھ ہی دیر میں ایک بس اسٹیج پر آگئی۔ مسافر ٹوٹ پڑے۔ لیکن میری آنکھیں کسی اور کو ڈھونڈ رہی تھیں۔

میں ایک نظر باز واقع ہوا ہوں۔ اور جب کبھی سفر درپیش ہوتا ہے، میں ایسی بس کے ذریعہ سفر کرنے کو ترجیح دیتا ہوں جس میں کوئی حسینہ کا وجود ہو۔ لیکن آج کا دن میرے لئے منحوس ثابت ہوا۔ ویسے دو تین چہرے نظر آئے۔ لیکن ان چہروں کو دیکھنا گویا جمالیاتی ذوق کا گلا گھونٹنا تھا۔ میں یہ سوچنے لگا کہ آج سفر میں کیا خاک مزا آئے گا۔ نینوں کے تیر کہاں سے چلیں گے؟ آنکھوں کو ٹھنڈک کیسے نصیب ہوگی؟

آج مجھے یہ ستر میل کا فاصلہ ایک پُل صراط سا معلوم ہونے لگا۔ یہ سوچ کر کہ کیوں نہ دوسری گاڑی کو آزمائیں، میں نے اس گاڑی کو چھوڑ دیا۔ وہ چلی گئی دو بجے کے قریب ایک اور گاڑی آئی۔ لیکن میری امیدوں پر پانی پھر گیا۔ تھوڑی دیر بعد وہ بھی چلی گئی۔ اب صرف ایک گاڑی رہ گئی تھی۔ پانچ بجے کے قریب وہ بھی اسٹیج پر آئی۔ مسافر دھڑا دھڑ سوار ہونے لگے۔ لیکن میں کھڑا دیکھتا ہی رہا۔ میری نظریں کئی مرتبہ پوری گاڑی کا طواف کر آئیں اور میں نے بھی از خود گاڑی کے کئی طواف کر ڈالے۔ مگر میری اُمیدیں بار آور نہ ہو سکیں۔ کوئی "نازنین" کا وجود نہیں تھا آخر کار تھک ہار کر میں بھاری قدموں کے ساتھ بس میں سوار ہوا اور پچھلی سیٹ پر بیٹھ گیا۔ کونٹر میں بیاگ کو نیچے ہی چھوڑ آیا تھا، پھر سے اتر جانا پڑا۔ میں نے بیاگ کو سنبھال کر بک اسٹال کی راہ لی اور ایک اچھا سا ناول لیکر واپس لوٹا۔ اور اپنی سیٹ پر جم گیا۔ بس کے چلتے ہی ناول کی ورق گردانی میں مصروف ہوگیا۔ پتہ نہیں کب آنکھ لگ گئی؟

"کنڈکٹر صاحب، پلیز!" جلترنگ بج اُٹھا۔ میں فوراً چونک پڑا اور آنکھ کھل گئی۔ دیکھا تو گاڑی اگلے اسٹیج پہ رُکی ہوئی تھی۔ میں ذرا سنبھل کر بیٹھ گیا اور اپنی سیٹ سے ذرا آگے کی جانب جھک کر مسافروں پر ایک سرسری نظر ڈالی اور دم بخود ہو کر رہ گیا ــــ وہ عورت نہیں تھی بلکہ سنگ مرمر کا تراشہ ہوا ایک مجسمہ تھی۔ وہ سفید ساڑی اور بلوز میں ملبوس تھی۔ عمر کوئی بیس یا بائیس سال کی ہوگی۔ کش مکش کی وجہ سے اُس کے چہرہ پر زلفیں بکھری تھیں۔ مجھے بے اختیار بادلوں کی اوٹ سے جھانکنے والا چاند یاد آگیا چونکہ ایک مسافر اتر گیا تھا۔ اس لئے بس میں صرف ایک سیٹ خالی ہو چکی تھی اور کنڈکٹر صرف ایک مسافر کو لینے پر مُصر تھا۔ میں یہ سوچ رہا تھا کہ کہیں کنڈکٹر میری آرزوؤں پر پانی نہ پھیر دے اتنے میں کنڈکٹر نے کہا "میں صرف ڈسٹرکٹ فیض آباد کے ہی پاسنجر لوں گا۔"

"جی ہاں، جی ہاں! مجھے ڈاسٹرکٹ فیض آباد تک جانا ہے۔" اُس مہ جبیں نے اپنی ساڑی کے آنچل کو سنبھالتے ہوئے کہا۔

"ہمیں بھی جانا ہے!" کئی مسافر چیخ پڑے۔

"پلیز، گٹ ان!" کنڈکٹر نے اس عورت کو بس میں لے لیا۔ ایسا معلوم ہو رہا تھا کہ وہ بھی اس عورت کے حسن سے متاثر ہو چکا ہے۔ وہ میرے مقابل والی خالی سیٹ پر آ کر بیٹھ گئی۔ کئی نظریں اس پر پڑیں اور جھک گئیں۔ جوں ہی گاڑی چلی، باہر کھڑے ہوئے مسافروں کے منہ سے گالیوں کا ایک طوفان کنڈکٹر کی شان میں اُبل پڑا۔

میری سمجھ میں کچھ نہیں آ رہا تھا۔ میں نے ایک سگریٹ جلائی اور دھوئیں کے مرغولے چھوڑتا ہوا ناول کا چھوڑا ہوا حصّہ پڑھنا شروع کیا۔ تھوڑی ہی دیر میں میں نے پانچ چھے صفحات پڑھ ڈالے۔ لیکن غور کیا تو کچھ میں ہی نہ آیا کہ میں نے کیا پڑھا ہے۔ از سر نو میں نے پھر پڑھا۔ لیکن پھر بھی کچھ سمجھ میں نہ آیا۔ ناچار ناول کو بند کر دینا پڑا۔ یکایک میری نظریں اس دلربا کی طرف اُٹھ گئیں اور میں جھینپ سا گیا۔ وہ بھی مجھے گھورنے لگی تھی۔ فوراً میں نے اپنی نظریں نیچی کر لیں۔ تھوڑی دیر بعد پھر میری نظریں بے اختیار اُس کی جانب اٹھ گئیں۔ وہ بھی مجھے برابر گھورے جا رہی تھی۔ اس کی نظریں میری آنکھوں کی راہ سے دل میں اُترتی ہوئی معلوم ہونے لگیں۔ میرا دل زور زور سے دھڑکنے لگا۔ خنکی کے باوجود چہرہ پر پسینہ کی بوندیں ابھر آئیں۔ حلق بالکل خشک ہو گیا۔ میں نے فوراً ایک اور سگریٹ جلائی۔ مگر سگریٹ میں اب کوئی مزا باقی نہ رہا تھا۔ میں نے جلد، جلد سگریٹ کے دو تین کش لئے اور اُسے باہر پھینک دیا۔ تمام مسافروں کی نظریں مجھے کھائے جا رہی تھیں۔ میں نے پہلو بدلتے شروع کیے۔ آخرکار ناول کو چہرے کے سامنے کر لیا۔

شام ہو چکی تھی۔ بس کی دودھیا روشنی مسافروں کے چہروں پر پھیل گئی۔ میں نے ناول کو قدرے ہٹا کر اُسے پھر دیکھا۔ وہ اُس وقت پریوں کے دیس کی ایک ملکہ معلوم

ہو رہی تھی۔ دودھیا روشنی میں اس کا حُسن اور بھی دوبالا ہو گیا تھا۔ جیسے ہی میری نظریں اُس کے چہرہ پر پڑیں، اُس نے فوراً اپنی نظریں میرے چہرہ پر گاڑ دیں۔ میری نظریں حُسن کی تاب نہ لا سکیں اور خود بخود جھک گئیں۔

رات بڑھتی جا رہی تھی اور بس تیزی سے فراٹے بھر رہی تھی۔ میں نے کھڑکی کے باہر نظریں دوڑائیں۔ باہر بڑا ہی خوشنما منظر تھا۔ چاندنی چھٹکی ہوئی تھی۔ درختوں پر جوانی کی عجیب بہار تھی۔ ہوا کے جھونکوں سے ڈالیاں جھوم جھوم کر آپس میں گلے مِل رہی تھیں۔ پتوں کی سرسراہٹ ہوا میں ایک عجیب تبسم کا ترنم پیدا کر رہی تھی۔ جوں ہی ہوا کا تھپیڑا چلتا پتوں پر ایک بجلی سی کوند جاتی۔ میں اس منظر سے لطف اندوز ہو رہا تھا۔ اتنے میں "چرر" سی آواز کانوں سے ٹکرائی ــــ گاڑی کے بریک لگ گئے اور گاڑی رُک گئی۔

"کیا ہے؟" کنڈکٹر نے پوچھا۔

"کچھ نہیں! راستے میں ندی ہے" ڈرائیور نے گاڑی سے اترتے ہوئے کہا۔

"تو پھر؟" کنڈکٹر نے تشویش ظاہر کی۔

"کچھ نہیں! تم ان لوگوں کو پچھلے اسٹیج تک پہنچا دو۔ وہاں یہ لوگ ہوٹل میں کچھ کھا پی لیں گے۔ دو تین گھنٹوں میں ندی کا پانی اتر جائے گا..... شاید آگے کہیں کوئی تالاب ٹوٹ گیا ہے؟"

اتنے میں ایک مسافر نے سگریٹ سلگاتے ہوئے کہا "نہیں، نہیں، کنڈکٹر صاحب آپ تکلیف کرنے کی ضرورت نہیں۔ ہم خود چلے جائیں گے۔ کہیے وہ ہوٹل یہاں سے کتنی دور ہے؟"

"یہی کوئی تین چار فرلانگ۔"

اتنے میں کچھ مسافر بس سے اتر کر چل پڑے اور کچھ وہیں گیں ہانکتے رہ گئے۔ چونکہ مجھے کافی بھوک لگ رہی تھی اس لئے میں بھی بس سے اتر پڑا۔ میں آگے قدم

۸۲

بڑھا ہی رہا تھا کہ ... "لے مسٹر پلیز!" مجھے رُک جانا پڑا۔ آواز اُس عورت کی تھی۔ یہ سمجھ کر کہ وہ کسی اور کو بلا رہی ہے' مَیں نے ایک دو قدم آگے بڑھائے۔

" اجی جناب! مَیں آپ ہی سے مخاطب ہوں!" اس کی آواز میرے کانوں میں رَس گھولنے لگی۔ مَیں جگہ تھام کر ٹھہر گیا۔ وہ اپنی سیٹ سے اُٹھ کر میرے قریب آئی۔ میری سانسیں پھولنے لگیں۔ جسم میں ایک لرزہ سا پیدا ہو گیا۔

" کیا آپ ہوٹل چل رہے ہیں؟"

" جی ہاں!" مَیں نے اپنے آپ پر قابو پاتے ہوئے کہا۔

" اگر کوئی عذر نہ ہو تو میں بھی آپ کے ساتھ چلوں؟"

" جی! آپ کی مرضی ..... ویسے اگر آپ چاہیں تو مَیں خود چائے وغیرہ لیکر آپ کی خدمت میں حاضر ہو جاؤں گا!"

نہیں نہیں! اس تکلیف کی ضرورت نہیں! چلئے موسم بڑا خوشگوار ہے!"

ہم دونوں چل پڑے اور ہوٹل پہنچ گئے۔ وہ ہوٹل کیا تھی ___ بس ایک چھوٹا سا بھٹیار خانہ تھا۔ چار پانچ میزیں ٹوٹی پھوٹی اور دس بارہ کرسیاں پُرانی بے ترتیب جمی ہوئی تھیں۔ ایک لالٹین جل رہی تھی۔ ہمارے پہنچنے تک تمام میزیں مسافروں سے پُر ہو چکی تھیں۔ البتہ دو تین کرسیاں خالی پڑی ہوئی تھیں۔ ہم کو دیکھتے ہی ہوٹل کے مالک نے دو کرسیاں علٰحدہ ایک کونے میں ڈال دیں۔ وہ سمجھا ہو گا کہ شاید ہم دونوں میاں بیوی ہیں۔ ہم دونوں کرسیوں پر بیٹھ گئے۔

اس عورت نے اپنی بیگ سے کچھ موز نکال کر مجھے دیتے ہوئے کہا:

معاف کرنا! یہاں پر پلیٹ نہیں ہے۔ لیجئے! شوق فرمائیے!"

" جی! اس کی کیا ضرورت ہے اکچھ کھارہ منگوالیں گے!"

" جب ہوٹل کی یہ حالت ہے تو پھر کھارہ کونسے خوبی کا ہو گا!"

"یہ تو ٹھیک ہے۔ لیکن.....!"

"لیکن ویکن کچھ نہیں! یہ لیجیے!"

مونگ کھانے کے بعد میں نے چائے منگوائی۔ اس نے چائے کی چسکی لیتے ہوئے کہا "چائے تو کافی مزیدار ہے۔ شاید خالص دودھ کی معلوم ہوتی ہے!"

"جی ہاں! ابھی دیہاتوں کو ملاوٹ کی ہوا نہیں لگی ہے!"—— ایک ہلکا سا نقرئی قہقہہ بلند ہوا اور دوسرے مسافر ہماری طرف متوجہ ہو گئے۔ ایک سکوت چھا گیا۔

"کیا میں آپ کا نام جان سکتی ہوں؟" اس نے سکوت کو توڑا۔

"جی! مجھے فرید کہتے ہیں!"

"آپ کا وطن!"

"جی! دھرم آباد!"

اس نے تھوڑے توقف کے بعد کہا "شاید آپ سکریٹریٹ میں ملازم ہیں؟"

میں فوراً چونک پڑا اور پوچھ بیٹھا "یہ آپ کیسے جانتی ہیں؟"

"جی! .....میں ایک پامسٹ ہوں!" اس نے پھر کہا "ابھی آپ غیر شادی شدہ ہیں؟" مجھ پر حیرتوں کا پہاڑ ٹوٹ پڑا۔

"اگر آپ اپنا ہاتھ دیں تو میں آپ کے ہاتھ کی لکیریں دیکھ کر آپ کے دل کا پورا حال بتا سکتی ہوں!.....ادھر لایئے آپ کا ہاتھ!"

میں کافی مرعوب سا ہو گیا تھا۔ اس لئے میں نے بلا چوں و چرا حکم کی تعمیل کر دی اور اپنا ہاتھ اس کے ہاتھ میں تھما دیا—— بس پوچھو مت! میری عجیب کیفیت تھی، جسم میں چونٹیاں سی رینگنے لگیں۔ میں پسینہ میں شرابور ہو گیا۔ اور مجھ پر ایک ہلکا سا نشہ طاری ہو گیا۔

"آپ کے والدین اپنے مقصد میں کامیاب نہیں ہوں گے!" اس نے میرے

ہاتھ کی لکیروں کو غور سے دیکھتے ہوئے کہا،

جی! کیا کہا ــــــ! "میرا نشہ ہرن ہو گیا۔

"یہی کہ آپ کی شادی آپ کے والدین کی پسند کردہ لڑکی سے نہیں ہوگی!"

"کیوں؟"

"آپ کے ہاتھ کی لکیریں بتا رہی ہیں اور میرا علم کہہ رہا ہے!"

"تو پھر!" میں حیرت سے اس کا منہ تکنے لگا۔

"آپ کی شادی تو اسی لڑکی سے ہوگی جس سے آپ محبت کرتے ہیں!"

"جی!" میں حیرت سے منہ پھاڑے اس عورت کو دیکھتا ہی رہ گیا۔ وہ مجھے پُراسرار سی معلوم ہونے لگی۔

اس نے میرا ہاتھ چھوڑتے ہوئے کہا "اگر آپ کل میرے دیئے ہوئے پتہ پر آجائیں تو میں آپ کا پورا زائچہ تیار کردوں گی!" ــــ ایک خاموشی چھاگئی۔

"آپ نے اپنا نام نہیں بتایا!" میں نے خاموشی کے سمندر میں ایک کنکری پھینکی۔

"جی! آپ کو میرے نام سے کیا سروکار! ...... چلئے! ذرا گھوم آئیں۔ یہاں تو مجھے گھٹن سی محسوس ہو رہی ہے!"

ہم اٹھ ہی رہے تھے کہ ڈرائیور نے کہلا بھیجا کہ ندی کا پانی اُتر گیا ہے اور بس تیار ہے۔ میں یہ سوچنے لگا ــــ "کاش! ندی نہ اُترتی! یہ رات نہ ڈھلتی! ہم دونوں یہیں بیٹھے باتیں کرتے اور یہ عمر یونہی تمام ہو جاتی!"

ہمارے پہنچنے تک بس تیار تھی۔ میں نے گھڑی پر نظر ڈالی۔ رات کے بارہ بج چکے تھے۔ مسافر پھر سے لد گئے اور بس چل پڑی۔ تھوڑی ہی دیر میں میرا وطن آگیا۔ قصبہ دھرا آباد۔ میں نے بجھے ہوئے دل سے اس ساحرہ کو خدا حافظ کہا اور بس سے اترنے لگا۔ اُسی وقت اس کی دلفریب آواز میرے کانوں سے ٹکرائی۔ "دیکھئے! کل آنا نہ بھولئے گا!"

میں آپ کی منتظر رہوں گی۔ پتہ تو یاد ہے نا؟"

میں دوسرے روز آنے کا وعدہ کر کے بس سے اتر گیا اور حسرت بھری نظروں سے بس کو اس وقت تک دیکھتا رہا جب تک کہ اس کی سرخ روشنی میری نظروں سے اوجھل نہ ہو گئی ہو۔

دوسرے دن صبح میں فیض آباد کو روانہ ہوا اور اس نازنین کے دیئے ہوئے پتہ پر پہنچ گیا۔ حسرت دیدار لیے ہوئے میں نے دروازہ پر دستک دی۔ جوں ہی دروازہ کھلا میرے پیروں تلے کی زمین نکل گئی۔ کچھ دیر کے لئے زمین کی گردش رک گئی اور ساتوں آسمان مجھ پر ٹوٹ پڑے۔ میرے سامنے میرا دوست نیاز کھڑا ہوا تھا۔ مجھے دیکھتے ہی وہ میرے گلے سے لپٹ گیا اور پوچھا "ارے فرید! تم کدھر؟ بھئی اچھے تو ہو نا! کم از کم آنے کی اطلاع دی ہوتی۔ خیر ٹھیک ہی ہوا۔ ملاقات ہو گئی۔ چلو، مکان میں چلو!"

جوں ہی میں نے مکان میں قدم رکھا وہ چھلاوہ کمرہ سے برآمد ہوئی اور مسکراتے ہوئے کہا "آداب عرض ہے!"

میں نے حیرتوں کے سمندر میں غوطہ کھاتے ہوئے کہا "آداب عرض ہے!..... لیکن میری سمجھ میں نہیں آرہا ہے کہ میں کہاں ہوں؟"

"جی! آپ ایک پامسٹ کے گھر مہمان ہیں!" وہ مسکرائی۔ اس نے پھر کہا "کہیے زید صاحب! رات تو خیریت سے گزری!"

"یاسمین! کیا تم ان کو جانتی ہو!" نیاز نے حیرت سے پوچھا۔

"جی ہاں! میں ان کو اچھی طرح جانتی ہوں۔ کل یہ میرے ہمسفر رہے تھے۔ ان کی بدولت بس کا سفر بور نہیں گزرا۔"

"ارے بیٹھو یار! تم یہ منہ پھاڑے چھت کو کیا گھور رہے ہو؟ آخر کچھ تو کہو یار فرید! میں تو بالکل ہی بھول گیا۔ ان سے ملو یہ ہیں یاسمین ــــ میری بیوی ــ

اور تمہاری بھابی!" ____ بس پوچھو مت میرا بُرا حال ہوگیا۔ تھوڑی دیر کے لئے دل کی دھڑکن رُک گئی اور میں گم صُم ہوگیا۔

"ارے یار! تم تو بالکل گم صُم ہو گئے! آخر کچھ کہو تو سہی!" فیاض نے جھنجوڑا

"کیا کہوں فیاض! بس جی میں آرہا ہے کہ یہاں سے بھاگ جاؤں۔ یا اپنا سر دیوار کو دے ماروں..... مجھے معاف کردو فیاض میں تمہیں اپنا منہ دکھانے کے قابل نہ رہا۔ کاش! یہ زمین شق ہو جاتی اور میں اُس میں سما جاتا!" ____ یاسمین نے ایک قہقہہ لگایا۔

"یاسمین! یہ کیا بدتمیزی ہے! کہو آخر ہوا کیا ہے؟"

یاسمین نے ہنسی کو ضبط کرتے ہوئے پورا واقعہ شروع سے آخر تک کہہ سنایا۔ فیاض ہنستے ہنستے لوٹن کبوتر بن گیا۔ آخر فیاض نے ہنسی کو روکتے ہوئے کہا "یار فرید! میں نے تمہیں بارہا سمجھایا کہ یہ بوالہوسی ٹھیک نہیں۔ مگر تم کب ماننے والے ہو؟ آخر آج تمہیں اس کی سزا مل گئی..... مگر یار! تم یاسمین کے جھانسہ میں کیسے آگئے؟"

میں نے شرماتے ہوئے کہا "وہی پرانا معاملہ.....!"

"یعنی تاک جھانک!" یاسمین نے فوراً جملہ چست کیا اور میں جھینپ سا گیا۔ فیاض نے حیرت سے پوچھا "یاسمین! یہ بتاؤ کہ تم نے ان کو بس میں کس طرح پہچانا جب کہ تم نے ان کو دیکھا ہی نہیں تھا!"

یاسمین نے کہا "ایک مرتبہ آپ نے ان کو گروپ فوٹو میں بتا کر ان کی کافی تعریف کی تھی اور ان کے رومانس کا بھی تذکرہ کیا تھا۔ جوں ہی میں نے ان کو بس میں دیکھا تو آزمانا چاہا کہ آخر صاحب موصوف کتنے پانی میں ہیں!"

"واہ! یہ بھی خوب رہی! کسی کی جان جلی جائے اور آپ کی ادا ٹھہرے! خیر یہ سب باتیں بعد میں ہوں گی۔ اب کچھ کھلاؤ گی یا نہیں!"

" ارے یار! اتنی بھی کیا جلدی۔ ذرا طبیعت تو سنبھلنے دو۔۔۔۔۔ اچھا یہ تباؤ نیاض کہ تم فیض آباد کیسے آ گئے؟ کیا تمہارا تبادلہ ہو گیا ہے"۔

" جی ہاں! میرا تبادلہ ہو کر دس پندرہ دن کا عرصہ ہوتا ہے۔ میں ذرا سنبھلتے ہی تمہیں اطلاع دینے والا تھا۔۔۔۔ لیکن یار! میری شادی میں تمہارا نہ آنا بُری طرح کھٹکتا رہا!"

کیا کرتا! مرض ٹائفیڈ نے تو بُرا حال کر رکھا تھا۔ ڈاکٹر نے چلنے پھرنے کی سخت ممانعت کر رکھی تھی۔ جی میں آ رہا تھا کہ بس اُڑ کر تمہارے پاس پہنچ جاؤں۔ لیکن یار تمہاری شادی میں شرکت نہ کرنا میرے لئے کافی مہنگا پڑا۔"

" ارے چھوڑ دو یار! پھر وہی بات کہا جاتا ہے کہ یہ یاسمین صاحبہ کالج میں بھی اسی طرح مشہور تھیں۔" پھر نیاض نے یاسمین سے پوچھا، "ہاں یاسمین! کل رات ہی تم نے اس واقعہ کا تذکرہ کیوں نہیں کیا؟"

یاسمین بول پڑی اگر کل ہی میں اس بات کا تذکرہ کر دیتی تو آج کیا خاک مزا آتا۔ کیوں فرید صاحب! ٹھیک ہی ہے نا!"

" اب بس کرو بھابی! مجھے اور شرمندہ نہ کرو۔ ورنہ میں یہاں سے بھاگ جاؤں گا"
اسی وقت نیاض نے ایک زور دار قہقہہ لگایا۔ اور میں بھی اس میں برابر کا شریک ہو گیا!

•

۸۸

پنگ پانگ کی ڈائری کا ایک ورق

قبل اس کے کہ میں .... اپنے سفر کے من گھڑت واقعات بیان کروں یہ وضاحت کرنا ضروری ہے کہ پنگ پانگ بالکل میرا اصلی نام نہیں ہے۔ میرا اصلی نام تو کچھ واہیات قسم کا ہے۔ ویسے یہ نام بھی واہیات سے کچھ کم نہیں۔ دراصل میں نے اپنا یہ نام پنگ پانگ ——— ہیون سانگ کے جواب میں رکھا ہے۔ تاکہ سفر میں سفری بستر، سفری لوٹا، سفری گلاس، اور سفری بیگ کے ساتھ ساتھ ایک سفری نام بھی رہے۔ میں اگر چاہتا تو ابن بطوطہ اور میگاستھنیز کے وزن پر بھی اپنا نام رکھ سکتا تھا۔ مگر یہ نام کافی "وزنی" ہیں آسانی سے زبان پر نہیں چڑھتے۔ پھسل پھسل جاتے ہیں اور تلفظ کی غلطی کا احتمال رہتا ہے۔

مجھے بچپن ہی سے سیر و سیاحت کا شوق تھا۔ یا یوں سمجھئے کہ سیاحت میری گھٹی میں پڑی ہوئی تھی۔ میری پیدائش کے تعلق سے یہ کہا جاتا ہے کہ ایک فساد کے دوران جب کہ میرے والدین اپنی جانیں بچانے کی خاطر انتہائی بے سروسامانی کی حالت میں بھاگے جا رہے تھے کہ میں پیدا ہوا۔ اس طرح مجھے "پیدائشی سیاح" ہونے کا اعزاز حاصل ہے۔ چنانچہ میں اس اعزاز کو برقرار رکھنے کی خاطر اسکول

کے بہانے گھر سے نکلتا اور ٹیکسی سیکل لے کر سڑکوں کی پیمائش کرتا۔ یہی وجہ ہے کہ میں پنجم میں پانچ بار فیل ہوا۔ اور ششم میں چھ بار۔ میری اس استقامت اور اسکول کی بجائے سیکل سے والہانہ محبت کو دیکھ کر مدرسین کہا کرتے کہ "میاں! بڑھیا جوان ہو سکتی ہے لیکن تم کامیاب نہیں ہو سکتے۔" ریاضی کے استاد نے میرے چہرے پر داڑھی اور مونچھ نکلتے دیکھ کر یہاں تک کہہ دیا تھا کہ "میاں! تمہاری داڑھی بڑھ کے بادبیلوں کی طرح بڑھ کر زمین میں دھنس جائے گی، لیکن تم مڈل پاس کر کے "بڈلی" تک نہ پہنچ سکو گے!" اتنے میں خدا کی کرنی یہ ہوئی کہ نقل مارنے کے ماڈرن طریقے رائج ہو گئے! ابھی طلبا ان طریقوں میں اکسپرٹ بھی نہ ہونے پائے تھے کہ حکومت نے یہ سہولت دی کہ طلبا کو میٹرک تک حاضری کی بنیاد پر ترقی دی جائے گی۔ (کیا عجب کہ آگے چل کر صرف اسکول کے رجسٹر میں نام درج کروانا ہی کامیابی کی کلید ٹھہرے۔ اس وقت خواندگی کا تناسب صد فی صد ہو جائے گا اور جہالت کا دور دورہ رہے گا۔)

جب میں متذکرہ بالا تعلیمی سہولتوں سے مستفید ہو کر اور ہائی اسکول سے نان میٹرک کی سند لے کر باہر نکلا تو مجھے صرف یہ مصرعہ یاد تھا ——— ؏

سیر کر دنیا کی غافل زندگی پھر کہاں

ابتدا میں میرا ارادہ پوری دنیا کی سیاحت کا تھا۔ لیکن صرف ارادہ کرنے سے کیا ہوتا ہے۔ زرمبادلہ کی سخت ضرورت پڑتی ہے۔ میرے پاس زر تو کیا ——— زر سے مبادلے کے طور پر کچھ رقم ملنے تک کی امید نہ تھی ویسے اگر مل بھی جاتی تو پاسپورٹ کے بنتے بنتے تک آخرت کے سفر کا پاسپورٹ بن کر آ جاتا ہے ——— اور جیسے کہا گیا ہے۔

ساغر کو میرے ہاتھ سے لینا کہ چلا میں

تب مجھے سندباد جہازی کے دور کا وہ رخ پرندہ بہت یاد آیا جو شخص ایک سیاح کو امپورٹ کرنے کی خاطر اپنے انڈے پر آ کر بیٹھ گیا تھا۔ آج کے زمانے

۹۰

کے رُخ پرندے تو ہوائی جہاز ہیں. مگر ان سے مشکل یہ ہے کہ یہ انڈے نہیں دیتے ان کے انڈے تو طیران گاہیں ہیں جہاں بغیر اجازت داخل ہونے کی صورت میں ڈنڈے سے خبر لی جاتی ہے.

اس طرف سے مایوس ہونے کے بعد میں نے اپنی ساری توجہ اپنے ہی ملک کی سیاحت کی جانب مرکوز کر دی. کیوں کہ پچھلے کئی برسوں سے کوئی بھاری بھرکم سیاح ہمارے ملک میں نہیں آیا تھا اور نہ کوئی مستند سفرنامہ لکھا گیا تھا. یوں تو سرکاری طور پر دوسرے ممالک کے سفیر متعین کئے جاتے ہیں. لیکن ان میں بعض ایسے بھی ہوتے ہیں جو سفارتی اور دوستانہ تعلقات بڑھانے سے کہیں زیادہ اپنے ملک کے لئے جاسوسی کرنے میں دل چسپی لیتے ہیں.

میرے سفر کی ابتدا گاؤں سے ہوتی ہے. کیوں کہ حقیقی ہندوستان دیہاتوں میں بستا ہے. جب میرے دوستوں کو یہ معلوم ہوا کہ میں اپنے ملک کی سیاحت پر نکل رہا ہوں تو وہ میرے گھر دوڑے دوڑے آئے. اور میری پیٹھ خوب ٹھونکی جس کا نتیجہ یہ نکلا کہ کمر میں درد شروع ہو گیا اور مجھے تین دن کے لئے سفر ملتوی کرنا پڑا. دوسرے دن پھر وہ میری مزاج پُرسی کے لئے اور دوران گفتگو یہ مشورہ دیا کہ میں بسوں اور ریلوں کے ذریعہ ہی بغیر ٹکٹ سفر کروں. بغیر ٹکٹ سفر کرنا ہمارے نوجوانوں کا محبوب مشغلہ ہے. اس سے پیسے کی بچت ہوتی ہے. رگ پٹھے مضبوط ہوتے ہیں. ہمیشہ چوکس اور ہوشیار رہنے کی عادت پڑتی ہے. جس کی وجہ سے مال چوری نہیں جاتا اور جیب بھی کٹنے نہیں پاتی. میں اپنے دوستوں کے مشورہ پر ضرور عمل کرتا. لیکن جب سے موبائل کورٹ کا رواج چل پڑا ہے بغیر ٹکٹ سفر کرنا خطرات سے پُر ہو گیا ہے اب اس میں بہت بڑا رسک لینا پڑتا ہے. اور یہ میرے بس کی بات نہ تھی.

چنانچہ میں نے دوستوں کی تجویز رد کر کے اپنی پرانی ریس بائسکل نکالی.

"پنگ پانگ بائسکل" کا بورڈ لکھوا کر لگایا۔ اور سیاحت پر نکل پڑا ـــــ واقعی سیکل بڑے کام کی چیز ہوتی ہے۔ ہمہ مقصدی قسم کی۔ جب تک جی چاہا چلایئے اور تھکنے پر اُتر جایئے اور ہاتھ میں تھام لیجیے۔ سواری کی سواری سہارے کا سہارا۔ اور اگر سوار دور اندیش اور ہوشیار ہو تو وہ ٹیوب میں شراب بھر کر اپنے "زادِ راہ" کا بندوبست بھی کر لے سکتا ہے۔

مَیں نے ایک ادنیٰ سی بائسکل کی اتنی ساری خوبیاں محض اس لیے گنوائیں کہ جب انسان ہر طرح سے لاچار و مجبور ہو جاتا ہے تو وہ اپنی ہر معمولی چیز میں ہزاروں غیر معمولی خوبیاں تلاش کر لیتا ہے۔ شائد اسی کا دوسرا نام قناعت ہے۔

مَیں اپنی بائسکل پر عزم محکم لئے عمل پیہم کے طور پر مسلسل پیڈل مارتے اور گھاٹ گھاٹ کا پانی پیتے ٹھیک دن کے بارہ بجے ایک قریہ پہنچا۔ مَیں کچھ دیر کے لئے سستانا چاہتا تھا۔ اتنے میں میری نظر ایک بورڈ پر پڑی۔ لکھا ہوا تھا "سنگل ٹیچر اکسپری منٹل پرائمری اسکول" (SINGLE TEACHER EXPERIMENTAL PRIMARY SCHOOL) میں اس مدرسہ کے قریب گیا۔ اب میں اس مدرسہ کی عمارت کا کیا ذکر کروں! بس صرف اتنا بتا دینا کافی ہے کہ گرما کے موسم میں سورج اس مدرسہ میں اُتر آتا ہوگا۔ سردی کے موسم میں جاڑے کی حکمرانی رہتی ہوگی اور برسات کے موسم میں بچے کلاس روم میں ہی کاغذ کی کشتیاں بنا کر کھیلتے ہوں گے ـــــ میرے سامنے جب ہوا کا ایک معمولی جھونکا چلا تو اس مدرسہ کے درو دیوار لرز اُٹھے اور مٹی جھڑنے لگی۔ مختصر یہ کہ مدرسہ کی عمارت سوشل ازم کے انتظار میں بوڑھی ہوتی جا رہی تھی۔

مدرسہ میں "سنگل ٹیچر" تشریف فرما تھے۔ ان کا کوئی شریک کار نہ تھا۔ اس روحانی باپ کو کوئی پچاس ساٹھ بچے گھیرے ہوئے تھے۔ ان میں کوئی چار سال کا تھا، کوئی

پانچ سال کا۔ کوئی چھ سال کا۔ خدا کا شکر ہے کہ کوئی شیر خوار نہ تھا۔ انھیں دیکھ کر یوں معلوم ہوا کہ والدین کا کام صرف بچے پیدا کرنا ہے اور مدرس کا کام سنبھالنا۔ وہی روحانی باپ اس مدرسہ کے ہیڈ ماسٹر تھے۔ وہی اول مددگار تا آخری مددگار۔ وہی اس مدرسہ کے کلرک، وہی چوکیدار۔ وہی چپراسی —— مختصر یہ کہ وہ اپنی ذات میں ایک انجمن تھے انجمن میں "ایک ذات"۔ طالب علم ان سے راضی و خوش اس وقت ہوتے جب موصوف چھٹی کی گھنٹی بجاتے۔

اس تجرباتی درسگاہ سے نکل کر میں تیزی سے سیکل کے پیڈل مارتے، پنکچر جوڑتے، ہوا بھرواتے ایک قصبہ کے قریب پہنچا۔ قصبہ سے تھوڑے فاصلہ پر ایک عالیشان عمارت کھڑی تھی۔ بورڈ صاف نظر آرہا تھا۔ "ضلع پریشد ہائی اسکول"۔ میں اسکول دیکھنے کے لیے رک گیا۔ اسکول کی تعمیر میں طالب علم کے عصری تقاضوں کا بہت کچھ خیال رکھا گیا تھا۔ اور اس کو تعمیر ہوئے کچھ زیادہ مدت بھی نہ گزری تھی لیکن کھڑکیاں ٹوٹی ہوئی تھیں۔ روشندانوں کے شیشے ٹوٹے ہوئے تھے۔ کرچیاں بکھری ہوئی تھیں۔ الماریوں کا برا حال تھا۔ بنچوں اور کرسیوں کی چولیں ہل رہی تھیں۔ قوم کے معمار سہمے ہوئے تھے لوہ لڑکے لگنے ہوئے تھے۔ گویا طلباء کے یہ عصری تقاضے تھے۔ اسکول کے در و دیوار اس بات کی گواہی دے رہے تھے کہ طلباء کو گالیوں اور بے ہودہ نظموں سے کتنا والہانہ عشق ہے۔ یکایک میری نظر چند عجیب و غریب الفاظ پر پڑی —— "چھلا ہوا آلو" —— "بڑا ہتھالا" —— "سر کھا ستیا پھل" —— "کو تھیر کنٹر" —— "موم کی گڑیا"۔ چونکہ بات کچھ سمجھ میں نہ آئی تھی، میں نے ایک طالب علم سے پوچھا —— "یہ اسکول ہے یا جنرل اسٹور؟" اس پر طالب علم نے بڑے اچنبھے سے کہا آپ کو نہیں معلوم! —— یہ ہمارے ماسٹروں کے نام ہیں۔" پھر اس نے اس طرح وضاحت کی —— 'چھلا ہوا آلو' ہمارے انگلش کے ماسٹر ہیں جو ہمیشہ شیو کئے ہوئے اسمارٹ بنے رہتے ہیں —— "بڑا ہتھالا"

سماجی علم کے ٹیچر ہیں جن کا چہرہ دنیا کی طرح پھیلا ہوا ہے۔ "سوکھا ببیتا پھل"۔ ریاضی کے ٹیچر ہیں جن کے چہرے پر چیچک کے داغ ہیں اور ہمیشہ منہ لٹکائے رہتے ہیں۔ 'گوکھیرکنڈ' سائنس کے ٹیچر ہیں جن کے چہرے پر چھدری چھدری داڑھی ہے۔ "موم کی گڑیا"۔۔۔ ایک لیڈی ٹیچر ہیں جو اردو پڑھاتی ہیں۔ یہ سنتے ہی مجھ پر ایک سکتہ سا طاری ہو گیا۔۔۔ جب میں ذرا سنبھلا تو ان الفاظ کے قریب ہی دو تین ضرب الامثال اور دو تین مفکرین کے اقوال جگ مگ جگ مگ کرتے نظر آئے جو اسی مدرسہ کے چند ہونہار طلباء کی ذہانت کا نتیجہ تھے۔ میرے چہرے پر اچانک مسرت کی ایک لہر دوڑ گئی۔ ایک غیبی آواز کہہ رہی تھی۔۔۔ مایوس نہ ہو سیاح! کیچڑ میں ہی کنول اگتا ہے۔ ہیرا کوئلے کی کان ہی میں سے برآمد ہوتا ہے۔ بگلوں ہی میں ہنس چھپا رہتا ہے۔ مجھے یقین ہو گیا کہ انھیں میں سے کوئی باپو بنے گا۔ انھیں میں سے کوئی جواہر نکلے گا۔ انھیں میں سے کوئی ٹیلیو ہوگا۔"

ذرا نم ہو تو یہ مٹی بہت زرخیز ہے ساقی'

اتنے میں مدرسہ کی چھٹی ہو گئی۔ لڑکے مجھ اجنبی کو پا کر اطراف جمع ہونا شروع ہوئے۔ ایک لڑکا ہوا کھولنے کی نیت سے میری سائیکل کی جانب بڑھتا نظر آیا۔ میں خطرے کی بو پا کر فوراً سیکل پر ٹانگ ڈالے "کٹ مار کر" آگے نکل گیا۔ لڑکوں کی آوازیں میرا تعاقب کر رہی تھیں

"پنگ پانگ باشکلی کو پکڑو!"
"پی پی باشکلی کو پکڑو!!"

(سفر جاری ہے)

گلے ملنے کے موڈرن طریقے

گلے ملنا اور مصافحہ کرنا تہذیب کی دو علامتیں ہیں۔ اگر ان پر نیک نیتی سے عمل کیا جائے تو دل سے کدورت دور ہو جاتی ہے اور آپس کے خلوص و محبت میں اضافہ ہوتا ہے اس کے برخلاف اگر کوئی منچلا گلے ملتے وقت پہلوانی پر اتر آئے تو آپ اپنی پسلیوں کو سہلاتے ہوئے یہی کہیں گے کہ "میں تو باز آیا اس گلے ملنے سے" یہی حال مصافحہ کا بھی ہے۔ اگر کوئی نوجوان مصافحہ کے وقت آپ کے ہاتھ کی انگلیوں کو اس زور سے دبائے کہ ان میں رعشہ پیدا ہو جائے اور ہاتھ کو اس زور سے جھٹکا دے کہ وہ مونڈھے سے علیحدہ ہوتے ہوتے رہ جائے تو ظاہر ہے کہ آپ آئندہ مصافحہ کے معاملہ میں بہت ہی محتاط رہیں گے اور محتاط بھی اس قدر کہ جب بھی مصافحہ کرنا ہو تو آپ اپنے ملاقاتی کے ہاتھ کو اپنی کسی انگلی سے یوں چھوئیں گے جیسے وہ ہاتھ نہ ہو بلکہ روٹی کا گرم گرم توا ہو۔

میرے دوست احباب کو مجھ سے یہ شکایت رہتی ہے کہ میں عید کی نماز کے بعد گوشہ نشین ہو جاتا ہوں۔ کیا کریں زمانہ ہی کچھ ایسا آگیا ہے کہ عید ملنے ملانے سے کہیں زیادہ گھر میں روپوش ہو جانا ہی مناسب ہے۔ ممکن ہے اس سے آپ

یہ مُراد لیں کہ یہ شخص محض قرض خواہوں سے منہ چھپانے کے لئے روپوشی کو ترجیح دیتا ہے۔ یہ بھی ایک حد تک صحیح ہے مگر قرض خواہ سے گلو خلاصی پانے کے لئے روپوشی سے کہیں زیادہ سود در سود قرض ادا کرنے کا وعدہ کچھ سود مند ہوتا ہے کیوں کہ قرض خواہ کو "اصل" سے "سود" پیارا ہوتا ہے۔ وہ کبھی یہ نہیں چاہتا کہ ایک قرض دار اُس کے چُنگل سے آزاد ہو جائے۔ لہٰذا سود در سود قرض ادا کرنے کا وعدہ کرنا زیادہ مناسب ہے۔ لیکن عید کے بعد گلے ملنے والوں سے بچنا ایسا ہی ناممکن ہے جس طرح ہوا کو قتل کرنا۔ (ویسے آپ جدید شاعری میں ہوا کو قتل کرکے سورج کو نگل کر قیامت کی سراسیمگی پیدا کر سکتے ہیں)

زمانے کے ساتھ ساتھ منچلوں نے گلے ملنے کے کچھ ایسے عجیب وغریب، وحشت ناک، ہیبت ناک، اور دردناک قسم کے طریقے ایجاد کئے ہیں کہ گلے ملنے کا ایک خوشگوار فعل، فعل قبیح ہو کر رہ گیا ہے اور ان طریقوں کو دیکھ کر بڑے بوڑھوں کے پسینے چھوٹ جاتے ہیں اور خواتین دانتوں میں انگلیاں دبا لیتی ہیں۔

گلے ملنے کے منجملہ طریقوں کے ایک طریقہ یہ ہے کہ اس میں ایک نوجوان دوسرے کی پیٹھ کو اپنی باہوں میں لے کر اس کی توند کو اس زور سے دباتا ہے کہ بے چارے کا کھایا پیا کنج قفس سے نکل کر حلق کی راہ سے آزاد ہونے کے قریب ہوتا ہے۔ اگر دباؤ دو ایک منٹ تک برقرار رہے تو کیا عجب کہ آزاد ہی ہو جائے

دوسرے طریقے میں یہ ہوتا ہے کہ ایک نوجوان دوسرے نوجوان کو باہوں میں جکڑ کر اپنی توند کے سہارے سے تین چار مرتبہ اوپر نیچے "اٹھا پٹک" کر کے چھوڑ دیتا ہے اس طرح کے عمل سے پیٹ میں شیر خرمہ کے ہلنے کی عجیب وغریب آوازیں آنے لگتی ہیں بس یوں سمجھئے کہ کسی نے ناریل کو ہلا کر پہچان لیا ہو کہ آخر اس میں پانی کتنا ہے اور ناریل کس قسم کا ہے؟ اس عمل کے بعد ایک انسان کو ناریل

حالت میں آنے کے لئے کوئی دس پندرہ منٹ درکار ہوتے ہیں۔ تب کہیں جا کر وہ انسان کہلانے کا مستحق ہوتا ہے اور پھر چلنے پھرنے کے قابل بن جاتا ہے۔

تیسرے طریقے میں وہی عمل کیا جاتا ہے جو دوسرے طریقے میں کیا جاتا ہے۔ مگر تھوڑے سے فرق کے ساتھ اور وہ فرق یہ ہے کہ مخالف کی پیٹھ کو تو بانہوں میں جکڑ لیا جاتا ہے لیکن اوپر اٹھایا نہیں جاتا بلکہ توند سے توند کو دھکے دیئے جاتے ہیں۔ جس کی وجہ سے مخالف کی حلق سے ہر دھکے کے ساتھ ایک ڈراؤنی قسم کی آواز نکلتی ہے۔ جیسا کہ اب ہوا یا جب ہوا۔ اس وقت مخالف کا کسی قسم کی گفتگو کرنا انتہائی مضحکہ خیز ہوتا ہے اور الفاظ ان ڈراونی آوازوں میں مدغم ہو کر ایک غیر مانوس زبان میں تبدیل ہو جاتے ہیں۔ اگر آپ اس وقت "عید مبارک" کہنا چاہیں تو "عید" ——— "ای ی دھو" ——— اور "مبارک" "موبرق" بن جاتے ہیں۔

چوتھے طریقے میں یہ ہوتا ہے کہ ایک منچلا دوسرے کی گردن کو دبوچ کر اس زور سے عید کی مبارک باد دیتا ہے کہ دوسرے کی گردن کے منکے ڈھیلے پڑ جاتے ہیں اور گردن کسی ایک جانب کن کھانے لگتی ہے اور کئی دن تک ناک کی سیدھ میں نہیں دیکھا جا سکتا۔ کنکھیوں سے دیکھنا پڑتا ہے۔ اور پھر کئی دنوں تک گردن کی مالش کروانی پڑتی ہے۔

پانچویں طریقے میں پیٹھ پیچھے سے مبارکباد دی جاتی ہے اس میں ہوتا یہ ہے کہ اچانک آپ کا دوست پیٹھ پیچھے سے آکر آپ کے پیٹ کو بانہوں میں جکڑ کر اوپر اٹھاتا ہے اور دو چار چکر دے کر نیچے چھوڑ دیتا ہے اس وقت آپ اس بات پر ایمان لے آتے ہیں کہ واقعی زمین گھوم رہی ہے۔

گلے ملنے کا ایک اور طریقہ بھی ہے۔ لیکن یہ بڑے خطرناک قسم کا ہوتا ہے اس طریقہ میں یہ ہوتا ہے کہ پانچ چھ دوست مل کر ایک ساتھ اچانک آپ پر حملہ

کر دیتے ہیں۔ وہ کچھ اس منظم طریقے سے ایک ساتھ حملہ کرتے ہیں کہ فرار کی تمام راہیں مسدود ہو جاتی ہیں۔ اگر آپ فرار ہونے کی کوشش کریں تو سڑک پہ کبڈی کے کھیل کا سماں بندھ جاتا ہے۔ لہٰذا خیریت اسی میں ہے کہ آپ تنہا بے "تدبیر" خاموشی کے ساتھ کھڑے ہو جائیں اور اپنے آپ کو ان کے رحم و کرم پر چھوڑ دیں، اس وقت ان میں سے ہر ایک باری باری سے ایسے نت نئے طریقوں سے گلے ملتا ہے کہ آپ کو جھرجھری سی آ جاتی ہے۔ اگر آپ اس وقت فرار ہونے کی کوشش کریں تو وہ آپ کو گھیر گھار کر یوں خوش فعلیوں میں مصروف ہو جائیں گے کہ جانور اور انسان میں تمیز کرنا مشکل ہو جائے گا۔

غالباً آپ نے دھان پان ایسے اور نزاکت پسند حضرات کو گلے ملتے نہ دیکھا ہوگا یہ حضرات جب گلے ملتے ہیں تو اپنے سینوں کو مس ہونے تک نہیں دیتے بلکہ درمیان میں بالشت ڈیڑھ بالشت کی خلا چھوڑ دیتے ہیں جسے کوئی بھی شخص ثالث کی طرح درمیان میں نمودار ہو کر بآسانی پُر کر سکتا ہے اس طرح وہ اپنے درمیان بالشت ڈیڑھ بالشت کی خلا چھوڑ کر سکنڈ دو سکنڈ کے لئے ایک دوسرے کے کندھوں پر سر ٹکا کر علیحدہ ہو جاتے ہیں۔ یہ بھی کوئی گلے ملنا ہوا؟ یہ تو کندھوں پہ سر "ٹکانا" ہوا۔

ان نرالی اسٹائیل نما گلے ملنے کے طریقوں کو دیکھ کر دور اندیشی کا تقاضہ یہی ہے کہ آپ اپنے ساتھ عید کے موقع پر اسپنج کا گدا بطور خاص رکھا کریں تاکہ گلے ملتے وقت وہ نرم گدا دو سینوں کے درمیان "حفاظتی گارڈ" کا کام انجام دے سکے اور خلوص کی "بے انتہا گرمی" اس میں جذب ہو جائے۔ اور یہ چیز ایسی ہی ضروری ہے جیسے عید کی دیگر ضروری اشیاء۔ بلکہ ہم تو یہاں تک کہیں گے کہ آپ اس اسپنج کے گدے کو اولین ترجیح دیں۔ کیوں کہ: جان ہے تو جہاں ہے!!

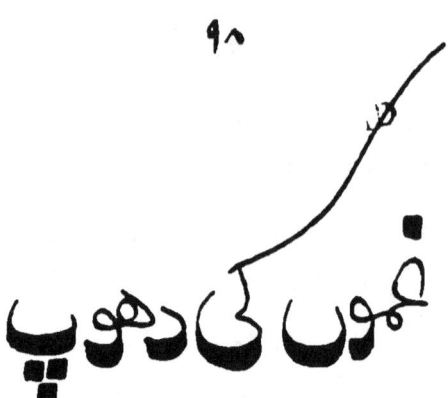

۹۸

غموں کی دھوپ

عورتیں اپنے میک اپ کو درست کرنے کے لیے ہمیشہ اپنے ساتھ پرس میں ایک چھوٹا سا آئینہ رکھتی ہیں۔ اور جو مرد سیاہ چشمہ لگاتے ہیں، اس سے وہ آئینہ کا کام بھی لے لیتے ہیں۔ اس طرح یہ چشمہ مردوں کے دو طرح کے کام آتا ہے۔ چشمے کا چشمہ، آئینے کا آئینہ۔

یہی بات میں نے اس نوجوان کے متعلق نوٹ کی۔ اس نے پہلے اپنی آنکھوں سے کالے چشمہ کو علیحدہ کیا۔ پھر ایک بھرپور نگاہ اس چشمہ کے عدسوں پر ڈالی۔ اپنی صورت کا ہر زاویے سے جائزہ لیا۔ پھر اپنے بال بڑے اہتمام کے ساتھ سر کی بجائے پیشانی پر جمائے اور سیدھا تیر کی طرح میری طرف چلا آیا۔ میں اس وقت ایک درخت کی چھدری چھدری چھاؤں میں کھڑا عثمان ساگر کا جائزہ لے رہا تھا۔ جو اب قدرت کی ستم ظریفی کی وجہ سے "کٹورہ حوض" میں تبدیل ہو چکا تھا۔ ایک تو دوپہر کی چلچلاتی گرما کی دھوپ اور دوسرے تالاب کا اداس اداس ماحول۔ اس کا یوں اچانک میرے قریب آجانا مجھے کچھ ٹھیک سا نہیں لگا۔ اس نے میرے قریب آتے ہی کہا "ہیلو!"

میں اسے پہلی نظر میں بالکل ہی پہچان نہ سکا۔ لمبے لمبے بال شانوں پر جھولتے

ہوئے جسم پر کچھ عجیب بیل بوٹوں کا رنگین بشرٹ جسے ضرورت پڑنے پر دستر خوان کے طور پر استعمال کیا جاسکتا تھا۔ البتہ اس بشرٹ پر صرف یہ شعر چھپا ہوا نہیں تھا ؎

ندیم اب فکر کیوں ہو مجھکو مہانوں کے کھانے کی
خدا نے رزق بھیجا ہے مجھے اور میرے مہانوں کو

ہوسکتا ہے مستقبل میں کپڑے کی ملیں اس قسم کے "دستر خوانی شعر" بشرٹ کے کپڑوں پر چھپوانا شروع کردیں۔ جب میں نے اسے غور سے دیکھا تو میری آنکھوں کے سامنے پانچ سال پہلے کا فیاض گھوم گیا۔ جو ہمارے محلے ہی کے قریب و جوار میں کہیں رہتا تھا اس سے میری کوئی خاص راہ و رسم نہ تھی۔ البتہ کبھی کبھار کسی گلی کے موڑ پر یا کسی ریستوران میں اس سے علیک سلیک ہو جاتی تھی۔ میں اس کے گھریلو حالات سے بالکل ناواقف تھا۔ اب جب کہ وہ ایک طویل مدت کے بعد ہپّی کی شکل میں اچانک مجھے نظر آیا تھا' میں نے حیرت سے پوچھا "فیاض! تم نے یہ کیا حالت بنا رکھی ہے!"

اس نے فوراً مجھے ٹوکا "اب میں فیاض نہیں رہا۔ مجھے ڈاکٹر شمیم نکہت کہو!"

میں نے حیرت سے پوچھا "تم ڈاکٹر شمیم نکہت کب بن گئے!؟ اور نام بھی رکھا تو ایسا کہ جس سے خواہ مخواہ نسوانیت کی بو آنے لگتی ہے۔"

وہ بولا "نام سے جنس کا اندازہ لگانا بالکل نادانی ہے۔ کیوں کہ آج کے دور میں عورتوں اور مردوں میں کوئی خاص فرق باقی نہیں رہا۔ ان کی چال ڈھال' وضع قطع اور بات چیت کا انداز وغیرہ اس قدر مشترک ہو گئے ہیں کہ یہ اندازہ لگانا مشکل ہو جاتا ہے کہ کون سلطان ہے اور کون سلطانہ؟ اگر میرے نام کا تجزیہ کیا جائے تو اس میں سے تین شخصیتیں برآمد ہوں گی۔ نمبر ایک میری عزیت 'ڈاکٹر'۔ نمبر دو میری محبوبہ' شمیم۔ اور نمبر تین میری بیوی' نکہت۔"

میں نے اس کے استدلال اور تجزیہ پر کوئی حیرت کا اظہار نہیں کیا۔ تاہم

مَیں پوچھ بیٹھا "تم نے اپنے نام کی کوئی وجہ تسمیہ نہیں بتائی!"

وہ کچھ غمزدہ سا ہو کر بولا "اب تم میرے غموں میں کو کیوں کرید تے ہو یہ ایک لمبی داستان ہے۔ مجھ میں نہیں آتا کہ مَیں اپنی داستاں کو کہاں سے شروع کروں؟" اتنا کہہ کر وہ کسی گہری سوچ میں ڈوب گیا اور پھر تھوڑی دیر کے بعد جب وہ اُبھرا تو اس نے اُس ایک آہ سرد کھینچ کر کہا۔ ؎

زندگی ایک دھوپ ہے سایہ نہیں
دور تک اس کا یقین آیا نہیں

مَیں نے کہا "یہ تو خورشید احمد جامیؔ کا شعر ہے!"

وہ بولا "مَیں نے یہ کب کہا کہ یہ شعر میرا ہے۔ مَیں نے یہ شعر محض اپنی داستان کو اثر انگیز بنانے کے لئے پڑھا ہے۔ مَیں جب کبھی اداس ہو جاتا ہوں تو یہ شعر گنگنا لیتا ہوں۔ لیکن اس وقت درمیان میں تمہارا اس طرح ٹوکنا کچھ مناسب نہیں معلوم ہوا کیا تم نقاد ہو جو اس طرح ٹوک رہے ہو۔ تم کو یہ جان کر اچھا ہو گا کہ جب کوئی شخص سلسلۂ بیان کے وقت مجھے درمیان میں ٹوکتا ہے تو مَیں موضوع سے بھٹک جاتا ہوں اور اس وقت تک اپنے اصل موضوع پر نہیں آسکتا جب تک کہ مَیں سگریٹ نہ پیوں لہٰذا مناسب یہی ہے کہ اب تم مجھے ایک سگریٹ پلاؤ تاکہ مَیں اپنے موضوع پر آسکوں۔"

مَیں نے اس کے سگریٹ مانگنے کے انداز پر دنگ ہو کر کہا "بھائی! جب سے سگریٹ کے دام بڑھ گئے ہیں، مَیں اپنے ساتھ ڈبیا نہیں رکھتا بلکہ طلب کے وقت صرف ایک سگریٹ خرید لیا کرتا ہوں۔ اب مشکل یہ ہے کہ میرے پاس صرف ایک سگریٹ ہے اور طلبگار دو ہیں۔"

وہ بولا "اس سے کوئی خاص فرق نہیں پڑتا۔ تم سگریٹ کو ففٹی ففٹی کر دو"

مَیں نے جیب سے سگریٹ نکالتے ہوئے کہا "ففٹی ففٹی کرنے کی صورت میں سگریٹ

کا حلیہ بگڑ جائے گا اور اس کا بہت بڑا حصّہ بھی ضائع ہوگا۔"

اس نے تجویز پیش کی "تب تو عقلمندی کا تقاضہ یہ ہے کہ ہر ایک سگریٹ کا ایک ایک کش لے۔ یا ایک صورت کفایت کی یہ بھی ہو سکتی ہے کہ ہم میں سے کوئی ایک سگریٹ کا کش لے اور فاضل دھوئیں کو ہوا میں چھوڑنے کی بجائے دوسرے کے منہ میں پھونک دے"! مجھے اس ترکیب پہ ہنسی آئی۔

وہ کسی قدر ترشروی سے بولا "اس میں ہنسی کی کیا بات ہے میرے بھائی؟ طلب ہی کچھ ایسی لعنت ہوتی ہے"!

میں نے طلب کے فلسفے پر غور کرنے کی بجائے سگریٹ کے دو ٹکڑے کردیئے ایک کو میں نے اپنے ہونٹوں میں دبالیا اور دوسرا اسے پیش کردیا۔

اس نے سگریٹ کا کش لیتے ہوئے کہا "اس دنیا میں چاروں طرف غموں کی دھوپ پھیلی ہوئی ہے۔ غموں کی اس دھوپ میں ایک انسان سگریٹ کی طرح جل کر بالآخر راکھ کے ڈھیر میں تبدیل ہو جاتا ہے۔ اب تو مجھے یوں محسوس ہوتا ہے کہ انسان کو غموں سے نفرت نہیں بلکہ پیار سا ہو گیا ہے"

وہ یہاں تک ہی بولنے پایا تھا کہ میں نے اسے ٹوکا "بھائی تم نے یہ کیا بے وقت کی بھیرویں چھیڑ دی ہے۔ کچھ تو عثمان ساگر کے ماحول کا لطف اٹھانے دو تھوڑی دیر کے بعد تو یہاں سے چلنا ہے"!

اس نے کچھ عجیب سی نظروں سے مجھے گھورتے ہوئے کہا "میرا دکھڑا سنتے ہوئے تمہیں "اول آں" کہنا تک بار گزر رہا ہے۔ پتہ نہیں تم مجھے اپنی سیکل پر ڈبل سواری کس طرح لے جاؤ گے؟ انسانوں کو چاہیئے کہ وہ آپس میں ایک دوسرے کے غم بانٹ لیں"!

ڈبل سواری کا نام سنتے ہی میری روح فنا ہوگئی۔ میں نے مناسب یہ ہی سمجھا کہ

بس کے آنے تک اسے کسی نہ کسی طرح باتوں میں لگائے رکھنا چاہیے۔ اسی لئے میں نے بناوٹی دلچسپی کا اظہار کرتے ہوئے اس سے پوچھا "تم نے اپنا نام ڈاکٹر شمیم نکہت کیوں منتخب کیا۔"؟

وہ بولا "میں ضرور یہ تمام تفصیل بتاؤں گا۔ لیکن شرط یہ ہے کہ تم درمیان میں نہ ٹوکنا۔ کیوں کہ جب کوئی شخص درمیان میں ٹوکتا ہے تو میں اصل موضوع سے ہٹ جاتا ہوں۔"

میں نے درمیان میں نہ ٹوکنے کا وعدہ کیا۔ اس پر وہ یوں گویا ہوا۔

"اب جگر تھام کے بیٹھو میری باری آئی ـــــ یوں تو میرا اصلی نام نیاض ہے لیکن بچپن میں والدین مجھے "ڈاکٹر" کے نام سے پکارا کرتے تھے۔ ان کی سب سے بڑی آرزو یہی تھی کہ میں آگے چل کر ڈاکٹر بنوں۔ مگر ان کی یہ آرزو پوری نہ ہوئی۔ البتہ میری عرفیت 'ڈاکٹر' پڑ گئی۔ چنانچہ میرے والدین کی عطا کردہ ڈاکٹریٹ کی ڈگری صرف ہائی اسکول تک کام آئی۔ میرے ساتھی مجھے "ڈاکٹر، ڈاکٹر" کہہ کر پکارا کرتے اور میں خوشی سے پھول کر غبارہ بن جاتا۔ لیکن کالج میں داخلہ لینے کے بعد وہاں کے طلبار کے آگے میری "ڈاکٹری" نہ چل سکی اور میں پھر سے فیاض بن گیا۔ ان ہی دنوں میں نے یہ محسوس کیا کہ میرے اندر محبت کے جراثیم پرورش پا رہے ہیں۔ لیکن میری محبت کالج کے ساتھیوں کے آگے ایک آہ سے آگے نہ بڑھ سکی۔ اس وقت میں نے مناسب یہی سمجھا کہ اپنی محبت کو کالج کی چار دیواری سے نکال کر محلے کی "بارہ دیواری" میں پروان چڑھنے کے لئے چھوڑا جائے۔ اس کو میری محبت کا ہی اعجاز سمجھنا چاہیے کہ بالآخر ایک ایسی لڑکی میری نظروں میں کھب گئی جو ماں باپ کی اکلوتی تھی اور ایک بنگلے میں رہتی تھی۔ میں اس تک اپنا پیغام پہنچانا چاہتا تھا مگر کوئی ترکیب سمجھ میں نہ آتی تھی۔ آخر کار میں نے پیغام رسانی کے پرانے طریقے کو اپنایا اور ایک کبوتر کو خرید کر پالا۔ جب میں نے

اسے کافی ٹریننگ دینے کے بعد اپنا پیام دے کر بھیجا تو وہ بجائے میرے پیغام کو پہنچانے کے ایک کبوتری کے ساتھ لاپتہ ہوگیا جس کے نتیجہ میں، میں پیغام رسانی کے دوسرے طریقوں پر غور کرنے لگا۔ ابھی میں کسی خاص طریقہ کو رائج کرنے بھی نہ پایا تھا کہ پتنگوں کا موسم آگیا۔ بس پھر کیا تھا میرے لئے تو یہ موسم ایک نعمت خدا داد ثابت ہوا۔ اب میں افسانہ نگاری کی طرف مائل ہوا۔ میں بازار سے رنگ برنگی پتنگیں خرید کر لاتا اور ان پر اپنے خون جگر سے اپنی محبت کے افسانے لکھتا۔ کبھی مختصر افسانہ کبھی طویل افسانہ۔ کبھی طویل مختصر افسانہ، جب میں افسانے لکھ چکا ہوتا تو اس افسانوی پتنگ کو ہوا میں سلکا کر اپنے محبوب کے بنگلے کی چھت پر غوطہ دیتا۔ لیکن افسوس میری محبت تین "دلہن پتنگ" اور "دولہنگا پتنگ" سے آگے نہ بڑھی۔ کیوں کہ محلے میں میرا ایک ویلن پیدا ہوگیا تھا۔ جیسے ہی میری پتنگ ہوا میں بلند ہوتی کسی دوسری سمت سے ایک تارک پتنگ نمودار ہوکر آن واحد میں میری پتنگ کا کام تمام کر دیتی۔ میں نے اس طرف سے مایوس ہوکر اپنی تمام تر توجہ فن افسانہ نگاری کی جانب مبذول کردی۔ میرے افسانے سن سن کر میرے دوست میری پیٹھ ٹھونکتے۔ مگر ایڈیٹر صاحبان "ناقابل اشاعت" کا خنجر گھونپتے۔ اس وقت میں نے اپنے والدین کی عطا کردہ ڈاکٹریٹ کی ڈگری کی تجدید کی اور اپنا نام بدل کر ڈاکٹر شمیم نکہت رکھا۔ میں نے اس نام کی سوائے اپنے ایک خاص دوست کے کسی اور کو کانوں کان خبر ہونے نہ دی۔

اس کو میرے نئے نام کی کرامت ہی کہنا چاہیئے کہ میرے تمام ناقابل اشاعت افسانے اب دھڑا دھڑ چھپنے لگے اور ایڈیٹروں کے تعریفی خطوط بھی آنے لگے۔ میرا یہ خاص دوست ان خطوط کو پڑھ کر میرے متعلق کہتا۔ " تو چڑھتا سورج ہے۔ اس سے پوجا ہو رہی ہے"! یہ کہہ کر وہ کسی ہوٹل میں اپنے پیٹ کی پوجا کرا لیتا اور ساتھ ہی میری جیب بھی ہلکی کر دیتا۔ مجھے افسانوں کی کچھ ایسی چاٹ لگ گئی کہ میں محض پلاٹ کی

تلاش میں پہروں مکان سے غائب رہتا۔ میرے والدین نے میرے اس پاگل پن کو دیکھ کر میری شادی کر ڈالی۔ اس طرح میرے رہے سہے ہوش و حواس بھی جاتے رہے مجھ سے ایک بھیانک غلطی یہ سرزد ہوئی کہ میں نے اپنے قلمی نام کا اپنی بیوی سے تعارف نہیں کروایا۔ جس کا نتیجہ یہ نکلا کہ میرے نام آئے ہوئے تمام خطوط میری بیوی پوسٹمین کو یہ کہہ کر واپس کر دیتی کہ اس گھر میں شمیم نکہت نامی کوئی لڑکی نہیں رہتی۔ اس معاملہ میں وہ بالکل حق بجانب تھی کیوں کہ "سہرا نامہ" میں، میں نے اپنا اصلی نام نیاز حسن ہی لکھوایا تھا جب میری بیوی کو یہ معلوم ہوا کہ میں ایک افسانہ نگار ہوں تو وہ اپنی قسمت کو کوس کر چپ ہو رہی۔ بالآخر ہمارے درمیان سمجھوتہ ہو گیا۔ اس وقت ہماری دو اولادیں ہیں ایک لڑکا اور دوسری لڑکی۔ اب ایک تیسری اولاد ہونے والی ہے جو صرف میری اپنی ہو گی' یہ کہہ کر اس نے اپنے پینٹ کی جیب میں ہاتھ ڈالا اور ایک رسید بک نکالی۔ میں اس رسید بک کو دیکھ کر چونک پڑا اور ساتھ ہی پوچھ بیٹھا ——"یہ کیا چیز ہے؟" اس نے تین روپے کی ایک رسید کو چاک کر کے میری طرف بڑھاتے ہوئے کہا "یہ میرے افسانوں کے مجموعہ کی پیشگی خریداری کی رسید ہے اگر بار خاطر نہ ہو!"

میں نے رسید لیتے ہوئے پوچھا "تمہاری اس تخلیق کا نام کیا ہو گا" اس نے مسکراتے ہوئے کہا "غموں کی دھوپ" —— اور ابھی جو میں نے اپنی روئیداد غم سنائی وہ میری کتاب کا پیش لفظ ہو گا!"

یہ مسائل اور جانِ ناتواں

مرزا غالب کا ایک شعر ہے۔

یہ مسائلِ تصوف یہ تیرا بیان غالب
تجھے ہم ولی سمجھتے جو نہ بادہ خوار ہوتا!

اس شعر میں غالب نے اپنے آپ کو ولی بھی کہا اور بادہ خواری کا بہانہ تراش کر اپنا دامن صاف بچا بھی گئے۔ اگر وہ بادہ خواری کا سہارا نہ لیتے تو لوگ ان سے ضرور یہ مطالبہ کرتے کہ غالب صاحب جب آپ نے ولی ہونے کا دعویٰ کیا ہے تو لگے ہاتھ چند کرامتیں بھی دکھایئے کیوں کہ دعویٰ کے ساتھ ہی دلیل مانگی جاتی ہے۔ اگر بالفرض لوگ ان کے دعویٰ کو شاعرانہ تعلّی سمجھ کر نظر انداز کر بھی دیتے تو ان کے ہم عصر شعراء ان کا پیچھا ہرگز نہ چھوڑتے۔ کیوں کہ یہ دیکھا گیا ہے کہ شاعر ہمیشہ اپنے ہم عصر شاعر کی ٹوہ میں لگا رہتا ہے۔ اور وہ اس کے کلام پر ایسی کڑی نظر رکھتا ہے کہ کہیں وہ کوئی غیر معمولی بات کہہ کر اس سے آگے نہ نکل جائے۔ چونکہ غالب نہایت ہی ذہین اور ہوشیار آدمی تھے، اور وہ اس مخمصہ میں پڑنا نہیں چاہتے تھے اس لیے اپنی ذہانت کے بل بوتے پر شراب کی پناہ میں آ گئے۔ اس طرح انہوں نے بات

کی بات بھی کہدی اور اپنے کو بچا بھی لیا۔

اب ہم جن مسائل کا تذکرہ کرنے جا رہے ہیں وہ کوئی تصوف کے مسائل نہیں ہیں کہ ہم ولی ہونے کا دعویٰ کریں۔ بلکہ ہم آپ کی توجہ ان مسائل کی جانب مبذول کروانا چاہتے ہیں جن سے آج کا انسان برسرپیکار ہے یہ مسائل کچھ اتنے گمبھیر اور پیچیدہ ہیں کہ جن کا تحمل ایک ولی صفت انسان ہی ہو سکتا ہے۔ ایک عام انسان کی روح ان مسائل کے تصور سے ہی فنا ہو جاتی ہے آج ہم اناج سمجھ کر کنکر ہضم کر جاتے ہیں پھر بھی زندہ رہتے ہیں۔ گویا انسان نہ ہوئے تیتر بٹیر ہوئے۔ آٹا سمجھ کر لکڑی کا برادہ کھا جاتے ہیں۔ پھر بھی زندہ رہتے ہیں مگر داعی اجل کو لبیک نہیں کہتے۔ بند، تنگ اور تاریک کمروں میں یوں سوتے ہیں جیسے حبس دم کی پریکٹس کر رہے ہوں ٹریفک کے ہجوم میں موٹروں سے کتراتے، آٹو رکشاؤں سے دامن بچاتے، سیکلوں اور رکشاؤں کی زد میں آتے آتے یوں صحیح وسلامت نکل آتے ہیں جیسے سرکس کا رِنگ ماسٹر اپنے کرتب دکھا کر بہ حفاظت تمام نکل آیا ہو۔ اب آپ ہی بتائیے کیا یہ تمام چیزیں کرامتیں نہیں ہیں؟ اگر کرامتیں ہیں تو کیا آج کا انسان ولایت کی منزل سے نہیں گذر رہا ہے؟ لیکن وہ ان تمام مسائل سے گزرتے گزرتے اس قدر نحیف و ناتوان ہو جاتا ہے کہ اگر آپ اسے ایک پھونک ماریں تو وہ لڑکھڑانے لگ جاتا ہے۔ ہوا کا ایک تیز و تند جھونکا اسے کہیں سے کہیں بھی لے جا سکتا ہے۔ آپ اس کے جثہ کو مت دیکھئے۔ ویسے آج کل قوی الجثہ آدمی نظر ہی کہاں آتے ہیں۔ اگر کہیں نظر بھی آتے ہیں تو وہ بلڈ پریشر کے مریض ہوتے ہیں۔ اس معاملے میں بوڑھے اور جوان کی کوئی تخصیص نہیں۔ آپ اسے مبالغہ نہ سمجھیں کہ چند روز پہلے ہمیں ایک شادی میں شرکت کرنے کا موقع ملا۔ اتفاق سے ہم نوشہ کو سہرا باندھتے وقت موقع واردات پر موجود تھے۔ جب دولھا کو معمول سے ذرا بڑا سہرا باندھا جانے لگا تو بڑے

بوڑھوں نے چیخنا چلانا شروع کیا کہ "ارے! دولہا نحیف و ناتوان ہے۔ اسے زرہ بکتر نما سہرا مت باندھو' اسے زرہ بکتر نما سہرا مت باندھو" لیکن اس زمانے میں بڑے بوڑھوں کی کون سنتا ہے۔ جس کا نتیجہ یہ نکلا کہ دولہا بے ہوش ہو گیا۔ اس واقعہ سے شاید آپ یہ اندازہ لگائیں کہ دولہا پھولوں کے بوجھ سے دب کر بے ہوش ہو گیا تھا مگر یہاں اس شبہ کی بہت بڑی گنجائش نکل آتی ہے کہ دولہا سہرے کے وزن سے کہیں زیادہ شادی کے بعد پیش آنے والے مسائل کے تصور سے گھبرا کر بے ہوش ہو گیا تھا۔

آج کا سب سے پیچیدہ مسئلہ غذا کی فراہمی کا ہے۔ جوں جوں آبادی بڑھتی جا رہی ہے غذائی صورت حال انتہائی نازک ہوتی جا رہی ہے۔ معاشیات کے ماہرین کا خیال ہے کہ آبادی ضرب کے اصول کے تحت بڑھ رہی ہے۔ اور پیداوار جمع کے قاعدے پر عمل پیرا ہے۔ یعنی آبادی ضرب کا پہاڑا پڑھ رہی ہے تو پیداوار جمع کا پہاڑا۔ جب آبادی اور پیداوار میں اتنا بڑا تفاوت ہو تو ایک انسان تندرستی کو قائم رکھے تو کیسے! اب یہ مقولہ "تندرستی ہزار نعمت ہے" ایک بے معنی سا مقولہ بن کر رہ گیا ہے۔ مقولہ گڑھنے والے نے تو بڑی آسانی سے یہ کہدیا کہ "تندرستی ہزار نعمت ہے"..... لیکن اس نے یہ گر نہیں بتایا کہ "تن" کو درست رکھنے کے لئے وہ ہزار نعمتیں کہاں سے لائیں۔ جنہیں عرف عام میں "وٹامنس" کہا جاتا ہے۔ آج اگر کوئی شخص وٹامن سے بھرپور متوازن غذا کی فراہمی کے متعلق سوچتا ہے۔ تو اس کا دماغی توازن بگڑ جاتا ہے۔

چنانچہ یہی وجہ ہے کہ ہم کبھی متوازن غذا کی فراہمی کے لئے ہاتھ پاؤں نہیں مارتے ہمیں یہ خدشہ لگا رہتا ہے کہ اگر ہم متوازن غذا کے لئے ہاتھ پاؤں مارنا شروع کر دیں تو ہمارا سارا کھایا پیا فوراً ہضم ہو جائے گا۔ اور بدن کے جوڑوں سے احتجاجاً صدائیں بلند ہونگی اب ہم کھیل بھی کچھ ایسے منتخب کر لیتے ہیں جن میں جسمانی عضلات کو کم از کم حرکت دینا پڑتی ہے۔ جیسے ۱۰۴ پتوں کی رمی، شطرنج، کیرم بورڈ وغیرہ۔ ہم اس غذائی قلت

کے منتظر ہیں جس کے استعمال سے پیٹ پھولا رہے اور بھوک کی حاجت نہ ہو۔

اس نازک غذائی صورت حال اور گرانی نے ازدواجی زندگی میں بھی ایک عجیب سی بے کیفی پیدا کر دی ہے۔ اب میاں و بیوی میں وہ روایتی محبت باقی نہیں رہی جسے ہم کتابوں میں پڑھتے آئے ہیں۔ اب تو شوہر جسے مجازی خدا کا رتبہ حاصل تھا پتھر کا خدا بن گیا ہے۔ اور شریک حیات کتاب کی ایک حکایت بن گئی ہے۔ اب وہ شوہر باقی نہ رہے جو زہر نگ کھاتے وقت اپنی شریک حیات کو "شریک زہر" بنا لیتے تھے۔ اور بیوی بھی شوہر کے ساتھ ساتھ اسی خوشی زہر کھا لیتی تھی۔ لیکن آج کا شوہر خود باہر عیش کرتا ہے اور بیوی کو طیش میں لاتا ہے۔ جب کبھی شوہر کا جی کوئی اچھی چیز کھانے کو للچاتا ہے تو وہ دفتر سے آتے آتے کسی ہوٹل میں گھس جاتا ہے اور اپنی پسند کی چیز کھا لیتا ہے۔ اس وقت پلیٹ میں نہ بیوی کا چہرہ نظر آتا ہے اور نہ بچوں کا۔ وہاں سے فراغت پانے کے بعد جب وہ مکان میں داخل ہوتا ہے تو اپنے چہرہ پر کچھ اس طرح کی کیفیت طاری کر لیتا ہے جیسے نقر و فاقہ کا خاتمہ اسی پر ہو رہا ہو۔ ادھر بیوی بھی شوہر کے غیاب میں اپنی پسند کی چیزیں پکا کر یا ہوٹل سے منگوا کر کھا لیتی ہے۔ اور صورت سکھائے اپنے شوہر کا استقبال کرتی ہے اگر بیوی بھی ملازم ہو تو پھر کیا کہنے۔ وہ بھی کسی ہوٹل کی پر سکون کیبن میں اپنی پسند کی چیز کھا لیتی ہے۔ اور گھر لوٹنے کے بعد وہی ایکٹنگ کرتی ہے۔ جو شوہر نامدار کی تھی۔ ان دونوں کی ایکٹنگ کو دیکھ کر ابھرتے ہوئے ستارے اس کھوج میں لگے رہتے ہیں کہ آخر ان دونوں میں والد محترم کی ایکٹنگ زیادہ متاثر کن ہے۔ یا والدہ محترمہ کی۔ بالآخر نتیجہ یہ نکلتا ہے کہ بیٹی ماں پر جاتی ہے اور بیٹا باپ پر۔ جب ماں باپ ایکٹنگ کرتے کرتے تھک جاتے ہیں اور ان کا فن مائل بہ زوال ہونے لگتا ہے تو اس وقت تک اولاد کا شمار ٹاپ کے ایکٹروں میں ہونے لگتا ہے۔ اس وقت وہ والدین سے وہی سلوک کرتے ہیں جو انھوں نے اپنی جوانی کے دور میں کیا تھا۔

اگر آپ سماج میں با عزت زندگی گزارنا چاہتے ہیں تو ایک عدد مکان کا ہونا ضروری ہے۔ چاہے وہ مکان ذاتی ہو یا کرایہ کا ورنہ گھر کے اچھے اور برے پر پردہ ڈالنے کے لئے آپ کے پاس کیا رہے گا۔ (ویسے جب سے ہوٹلوں کا رواج چل پڑا ہے یہ پردہ بھی اٹھ چکا ہے) اس طرح غذائی مسئلہ کے بعد اگر کوئی پیچیدہ مسئلہ ہے تو وہ رہائشی مسئلہ۔ لیکن ہمارے ایک دوست لباس کو رہائشی مسئلہ سے کہیں زیادہ فوقیت دیتے ہیں۔ ان کا خیال ہے کہ آج کل کی لڑکیاں کپڑے اور "جیب" پر زیادہ مرتی ہیں۔ مگر انہوں نے یہ نہیں سوچا کہ شادی کے بعد بیوی کو کہاں رکھیں گے بشانۂ خانہ بدوش بن جائیں گی۔

جب آبادی بڑھنے لگی اور ضروریات زندگی کی چیزیں حاصل کرنے میں سخت دشواری پیش آنے لگی تو "کیو" کا رواج ڈالا گیا۔ تاکہ اشیاء کے حصول میں سر پھٹول نہ ہو۔ لیکن یہ "کیو" بھی مہلک اور خطرناک بنتی جا رہی ہے۔ اب تو کیو میں کھڑے ہونے کے لئے ہیلمٹ اور گھونسہ ولات پروف ڈریس پہن کر نکلنا پڑتا ہے ویسے ابھی گھونسہ ولات پروف ڈریس ایجاد نہیں ہوا۔ اس ڈریس کا انحصار تو اپنی مرضی اور مزاج پر ہے کہ گھر سے نکلتے وقت اپنے اپنے جثہ کے اعتبار سے اپنے آپ کو لیس کریں۔ جب اس طرح سے لیس ہو کر کیو کے پاس پہنچتے ہیں تو آپ کو پتہ لگانا مشکل ہو جاتا ہے کہ آخر کیو کا سر کدھر ہے۔ اور ٹانگیں کس طرف ایک مرتبہ ہمیں ایک ایسی ہی کیو سے سابقہ پڑا۔ چند سال پہلے ہمارے ملک کے دورے پر ویسٹ انڈیز کی کرکٹ ٹیم آئی ہوئی تھی اتفاق سے ہمارے شہر فرخندہ بنیاد میں اس ٹیم کا میچ مقرر تھا۔ میچ کے پہلے دن جب ہم کیو کے صبر آزما لمحات گزار کر ٹکٹ لیئے۔ داخلہ گیٹ کے پاس پہنچے تو وہاں پہلے ہی سے کئی قطاریں لگی ہوئی تھیں۔ اور اسٹیڈیم میں داخل ہونا ایک معجزے سے کم نہ تھا۔ ابھی ہم کھڑے سوچ ہی رہے تھے کہ آخر کس قطار کو منتخب کریں کہ

اتنے میں لوگوں نے ہمارے ہی پیچھے کیو بنانا شروع کیا۔ ہم بھی خوش ہوئے کہ چلو زندگی میں پہلی بار ایک بٹالین کی رہنمائی کا اعزاز حاصل ہو رہا ہے لیکن یہ اعزاز تھوڑی ہی دیر میں چھین گیا۔ کیوں کہ مختلف قطاروں میں افراتفری پھیل گئی تھی جس کے نتیجے میں ایک اونٹ نما صاحب ہمارے سامنے اور ایک ہاتھی نما شریان ہی ہمارے پیچھے آکر ڈٹ گئے اتنے میں مجمع نے زور آزمائی شروع کر دی۔ کچھ دیر بعد زور آزمائی میں اتنی شدت پیدا ہوگئی کہ لوگوں کا دم گھٹنا شروع ہوا۔ چونکہ ہمارے سامنے ایک اونٹ اور پیچھے ایک ہاتھی ڈٹا ہوا تھا اس لئے ہمارا دم بہت زیادہ ہی گھٹ رہا تھا، اور طرفہ تماشہ یہ کہ وہ دو حضرات اپنے اونچے قد کا ناجائز فائدہ اٹھاتے ہوئے ہمارے حصہ کی آکسیجن سے بھی مستفید ہو رہے تھے۔ جب ہم نے بھرپور سانس لینے کی خاطر اپنے پنجوں پر کسی قدر اونچا ہونا چاہا تو ہمارے "سلیم شاہی جوتے" ہمیں داغ مفارقت دے گئے۔ اس وقت ہم سوائے صبر کرنے کے کچھ اور نہ کر سکے۔ کیوں کہ ہماری گردن کچھ اس طرح اکڑی ہوئی تھی ہم صرف ناک کی سیدھ میں ہی دیکھنے پر مجبور تھے۔ جب دم بہت ہی گھٹنے لگا تو ہم نے واپس جانے کا ارادہ کیا۔ مگر صرف نیت ہی کر کے رہ گئے۔ کیوں کہ پلٹنے کی صورت میں پسلیوں کے پٹ جانے کا خطرہ لاحق تھا۔ اس طرح نہ آگے بڑھ سکتے تھے اور نہ واپس جا سکتے تھے۔ گویا داخلہ اور فرار کی دونوں راہیں بالکل مسدود ہو چکی تھیں۔ البتہ عدم آباد کا راستہ بالکل صاف تھا۔ اتنے میں خدا کی کرنی یہ ہوئی کہ پولیس نے لاٹھیاں چلانی شروع کر دیں۔ ہمارے آگے اور پیچھے جو دو پڑوسی کھڑے اپنے قد کی اونچائی کا استعمال کر رہے تھے اب ان کا قد ان کے لئے وبال جان بن گیا تھا۔ اور ہمارے حق میں جائے راحت۔ کیوں کہ ہمارے حصہ کی لاٹھیاں بھی انھیں پر پڑنے لگی تھیں۔ اور ہم محفوظ تھے۔ جب لاٹھی چارج میں شدت پیدا ہوگئی تو مجمع الٹے پاؤں بھاگ کھڑا ہوا اور ہم بغیر جوتوں کے گھر لوٹے

اس واقعہ کی ساری تفصیلات اس لئے دہرائی گئیں کہ اب آنکر کئی مقامات بھی مقامات آہ و فغاں میں تبدیل ہو گئے ہیں۔

اگر ہم آج کے جہاں نیوا مسائل سے متعلق تفصیلات سُنانے بیٹھیں تو ہماری عمر وفا نہ کرے گی۔ ایک مسئلہ ہو تو عرض کریں۔ یہاں تو مسائل کی فوج بے ترتیب ہے کہ کھڑی ہے۔ یہ مسئلہ رہی ہے بگڑا جب حضرت آدم نے آگے بڑھ کر بارِ خلافت کو اٹھالیا۔ میر نے اسی جانب اشارہ کیا ہے۔

سب پہ جس بار نے گرانی کی
اس کو یہ ناتواں اُٹھا لایا

چونکہ حضرت انسان نے باوجود نحیف و ناتوان ہونے کے اتنی بڑی ذمہ داری کا بوجھ اٹھالیا تھا۔ اس لئے ان مسائل کا رونا فضول ہے۔ بلکہ ان مسائل پر تو قہقہے لگنے چاہئیں۔ کیوں کہ

؎ جب زیست خود ہی جہدِ مسلسل ہے فطرتاً
توہینِ زندگی ہے مسائل کا تذکرہ

مُجتبیٰ حُسین

("ادارۂ محورِ ادب" کی جانب سے مجتبیٰ حسین کے اعزاز میں منعقدہ ایک خیر مقدمی تقریب میں یہ خاکہ پڑھا گیا)

"تکلّف بر طرف" کے دیباچہ کی آخری سطور میں مجتبیٰ حسین صاحب نے یہ لکھا ہے کہ "میرے آباد اجداد ایران کے رہنے والے تھے اور وہ درہ خیبر کے راستہ سے ہندوستان آئے تھے" اس کے بعد کے جملہ میں مجتبیٰ حسین نے راشننگ اور فیملی پلاننگ کے نفاذ کا حوالہ دیتے ہوئے قاری کو یہ دھمکی بھی دی ہے کہ ___ "اور اب میں اسی راستہ سے ہندوستان سے باہر جانا چاہتا ہوں"۔ ان جملوں کو پڑھنے کے بعد ایک ایسا قاری جس نے مجتبیٰ حسین کے درشن نہ کیے ہوں، یہ سوچنے پر مجبور ہو جائے گا کہ مجتبیٰ حسین ضرور کوئی ایرانی ہوں گے۔ شہر میں ان کی ایک عالی شان ہوٹل ہوگی جہاں وہ خود بکروں اور مرغوں کا سوپ پی کر گاہکوں کو بغیر ڈامنس کی بریانی کھلاتے ہوں گے۔ چنانچہ جب میں نے "تکلّف بر طرف" کے دیباچہ کی آخری سطریں ختم کیں تو میرے ذہن کے سیلولائیڈ پر مجتبیٰ حسین کی شبیہ کچھ اس طرح ابھری۔ ایک لمبا تڑنگا نوجوان آغا۔ گورا چٹا رنگ۔ چوڑا چکلا چھاتا۔ پھولے پھولے گال جن سے پو پھٹتی ہوئی۔ اگر کتاب میں ان کی تصویر موجود رہتی تو میں اس غلط فہمی کا شکار نہ ہوتا۔ یوں بھی آج کل تصویر کے معاملہ میں ادیبوں اور شاعروں

پر کوئی اعتبار نہیں رہا۔ وہ اپنی کتابوں میں کچھ اس قسم کی تصویریں چھپواتے ہیں جنہیں دیکھنے کے بعد کتاب کسی اور کی اور تصویر کسی اور کی معلوم ہوتی ہے۔ اور بڑی آسانی سے ان پر ادبی سرقہ کا الزام لگایا جا سکتا ہے۔ میں نے ایک ایسا شعری مجموعہ بھی دیکھا ہے جس پر شاعر نے اپنی ابتدائی بلوغت کے دنوں کی تصویر شائع کروائی تھی پھر بھی خدا کا شکر ہے۔ انگوٹھا چوستی تصویر چھپوائی جاتی تو آپ ہم ان کا کیا بگاڑ لیتے۔ ہاں تو میں مجتبیٰ حسین کی خیالی شبیہ کا ذکر کر رہا تھا جو میرے ذہن پر نقش کر گئی تھی۔ میں کوئی دوشیزہ تو نہیں تھا کہ فرط عشق سے مغلوب ہو کر ان کی تلاش میں نکل پڑتا۔ مگر مضامین کچھ ایسے قہقہہ بردوش تھے کہ ان سے ملنے کا اشتیاق ہر لمحہ بڑھتا ہی جا رہا تھا۔ یہ غالباً ۱۹۶۸ء کی بات ہے۔ ان دنوں میری ادبی دنیا بالکل محدود تھی۔ یوں سمجھئے کہ اردو ادب میں میری حیثیت ایک رنگروٹ کی سی تھی۔ مجھے ایک ایسے شخص کی تلاش تھی جو مجتبیٰ کو قریب سے اور مجھے دور سے جانتا ہو۔ تلاش بسیار کے بعد آخر ایک دن مجھے ایک ایسا شخص محکمہ اطلاعات کے قریب مل ہی گیا۔ اتفاق سے صاحب موصوف ایک ویکلی کے ایڈیٹر تھے اور اشتہار کے سلسلہ میں وہاں پیروی کرنے آئے ہوئے تھے۔ میں نے انہیں اپنی مجبوری بتائی اور نہایت ہی مودبانہ انداز میں پوچھا "کیا آپ مجتبیٰ حسین صاحب کو جانتے ہیں؟" تو انہوں نے فرمایا "کون مجتبیٰ صاحب؟ وہی جو اطلاعات کے اشتہار دلواتے ہیں؟" میں نے کہا "نہیں صاحب۔ وہ نہیں بلکہ مزاح نگار مجتبیٰ حسین یعنی "تکلف برطرف" کے مصنف" اس وضاحت پر ان کے چہرے پر کچھ اس طرح کے آثار پیدا ہوئے جیسے وہ سوائے اشتہار کے کچھ اور نہیں جانتے۔ اس سے پہلے کہ وہ کچھ فرماتے، میں نے کہا "خیر صاحب ان ہی سے ملوا دیجئے۔ اشتہار والے مجتبیٰ صاحب سے" بالآخر وہ حضرت ثالثی کے فرائض انجام دیتے ہوئے مجھے محکمہ اطلاعات کے اندر لے گئے۔ اور دور سے ایک کرسی پر بیٹھے ہوئے دبلے

تپلے نوجوان کی طرف اشارہ کرکے کہا "وہ دیکھو، وہ ہیں مجتبیٰ حسین صاحب!" اور پھر وہ آس پاس ہی کہیں غائب ہو گئے۔ شاید انھیں اشتہار یاد آ گیا تھا (یہاں یہ وضاحت ضروری ہے کہ ان دنوں اطلاعات کا دفتر ہاؤزنگ بورڈ کی عمارت میں نہیں تھا بلکہ اس کے بازو کی ایک پرانی عمارت میں تھا۔ اس کے اکثر کمروں میں کچھ نیم تاریکی سی رہا کرتی تھی۔ حسن اتفاق کہئے کہ مجتبیٰ جس کمرے میں بیٹھتے تھے اس میں بھی کچھ تاریکی سی رہا کرتی تھی) ان صاحب کے اشارہ پر جیسے ہی میری نظر مجتبیٰ حسین پر پڑی دل کو ایک دھچکا سا لگا اور آنکھوں کے سامنے اندھیرا چھا گیا۔ کچھ تو کمرہ کی نیم تاریکی اور کچھ مجتبیٰ حسین کے چہرے کا رنگ، یہ دونوں گڈمڈ ہو کر "نور" علیٰ نور" کا کام کر گئے۔ جب ذرا اندھیرا صاف ہوا تو دو چمکدار آنکھیں کسی کار کی ہیڈ لائٹس کی طرح نظر آنے لگیں۔ میں اس جانب بڑھنے لگا۔ وہ آنکھیں میری داڑھی کا کچھ اس طرح جائزہ لے رہی تھیں جیسے کوئی تنکا تلاش کر رہی ہوں۔ اگر میں یہ کہوں تو غلط نہ ہوگا کہ مجتبیٰ کے چہرے پر سوائے دو خوبصورت آنکھوں کے کچھ ہے ہی نہیں۔ اور یہ آنکھیں بھی ایسی جن میں ہر وقت شوخی و شرارت مچلتی رہتی ہے۔ اور وہ ان کی ذہانت کا پتہ بھی دیتی ہیں۔ یوں تو دیکھنے کو گال بھی ہیں، مگر پچکے ہوئے۔ جن پر برائے نام بھی گوشت نہیں۔ ویسے ٹھوڑی بھی ہے۔ اگر وہ کسی قدر اور ذرا اوپر کی طرف مڑ جاتی تو پورا چہرہ ایک "طوطا پری آم" سا دکھائی دیتا۔ قد پونے چھ فٹ، مردانہ ہے ضرور۔ مگر اسی مناسبت سے گوشت پوست نہیں۔ گھنے بال ضرور ہیں جو ذرا سی لغزش پر بغاوت پر اتر آتے ہیں۔ چنانچہ یہی وجہ ہے کہ مجتبیٰ دن میں کوئی سو بار اٹھتے بیٹھتے اور کام کرتے اپنے ہاتھوں سے ان کی بغاوت فرو کرتے رہتے ہیں۔ خیر جناب۔ علیک سلیک کے بعد کسی طرح ملاقات ہو ہی گئی۔ مجتبیٰ نے پہلی ہی ملاقات میں نہ صرف اپنا دل پیش کر دیا بلکہ چائے کا بل بھی۔ یہی نہیں، میرے ایک شائع شدہ مضمون کی تعریف بھی کی۔ میں اس وقت کچھ ایسے

مدو جزر کی کیفیت سے دوچار تھا کہ جواب میں "شکریہ" تک نہ کہہ سکا۔ یہ تھی مجتبیٰ سے میری پہلی ملاقات۔ اور میں پہلی ہی ملاقات میں ان کا گرویدہ ہو چلا تھا۔

ان دنوں مجتبیٰ محکمہ اطلاعات و تعلقات عامہ میں ملازم تھے۔ اب تو وہ ریٹائر کر دیئے گئے ہیں۔ میں جب بھی ان سے ملنے کے لئے جاتا تو دفتر میں ان کی بجائے ان کے ٹیلیفون باکس سے ملاقات ہوتی۔ وہ اپنی سیٹ پر بہت کم نظر آتے۔ دریافت پر معلوم ہوتا کہ آفس سے باہر تعلقات بڑھانے کے لئے گئے ہیں۔ اگر کبھی مل بھی جاتے تو وہ دوستوں میں گھرے "قاضی الحاجات" اور "دافع البلیات" بنے نظر آتے۔ کبھی کسی کو اشتہار دلوایا۔ کبھی کسی کے ٹرانسفر یا تقرر کے سلسلے میں سفارش کروانے کے لئے دوڑے میں اس وقت ان "حاجات" اور "بلیات" میں مجھ "فضولیات" کا کیا کام سمجھ کر لوٹ آتا ایک بار مجتبیٰ ان بلیات کو دفع کرنے کی عجلت میں ایک سردار جی سے منہ چھپاتے نظر آئے۔ دریافت کرنے پر معلوم ہوا کہ دفتر کے چپراسی کو آپ نے سود پر رقم دلوا دی ہے اور خود ضامن بنے ہوئے ہیں۔ بڑی مشکل سے دوسرے دن وہ چپراسی ملا اور بلا ٹل گئی۔ یہاں اس شبہ کی تھوڑی سی گنجائش نکل آتی ہے کہ شاید مجتبیٰ دفتر کے فرائض انجام نہ دیتے ہوں گے۔ نہیں یہ بات نہیں۔ وہ آفس کے پانچ چھ گھنٹوں کے کام کو صرف گھنٹا ڈیڑھ گھنٹے میں یوں نمٹاتے جیسے کوئی مشین ہوں۔ پھر اس کے بعد یہ جا وہ جا، نظروں سے دور۔ تب ان کا سراغ چلانا جاسوسی ناول کے ہیرو فریدی کا سے بھی ناممکن ہو جاتا۔

مجتبیٰ دوستوں کے بڑے رسیا ہیں۔ وہ جن دنوں حیدرآباد میں تھے، حلقۂ احباب اتنا بڑھا ہوا تھا کہ مجھے ان کے نام تو کجا چہروں تک کو پہچاننے میں الجھن سی ہوتی۔ اور لطف کی بات یہ کہ ہر روز دوستوں کی صف میں ایک نئے چہرے کا اضافہ ہوتا۔ کبھی کبھی مجتبیٰ دوستوں کے چلے جانے کے بعد کام کو پینڈنگ پڑا دیکھ کر کہتے:

مسیح صاحب! میں تو اب ان لوگوں سے بیزار آگیا ہوں!" اس پر میں کہتا "مگر آپ اُن سے جاتے وقت یہ کیوں کہتے ہیں کہ پھر ملاقات کب ہوگی؟" یہ تضاد اس بات کی دلیل ہے کہ دوست احباب کو جمع کرنا مجتبیٰ کی کمزوری ہے۔ ان کے دوستوں میں کیا ادیب، کیا شاعر، کیا وکیل، کیا لیڈر، کیا وزیر، کیا ڈاکٹر، کیا پروفیسر، کیا طالب علم، کیا حاجی کیا رکشا والا ——— غرض "ہر قسم کا مال" ملے گا۔ وہ ان ہی جیتے جاگتے کرداروں میں سے خام مال اپنے مزاح کے لیے تلاش کر لیتے ہیں۔ مجتبیٰ کا قول ہے کہ حلقۂ احباب کو بڑھانے سے قرض مانگنے میں بڑی سہولت رہتی ہے۔ انھیں اس قسم کی سہولت حاصل تھی یا نہیں، یہ میں کہہ نہیں سکتا۔ البتہ میں یقین کے ساتھ یہ کہہ سکتا ہوں کہ ان کے دوست احباب نے ان کے آفس کی کرسیوں کو توڑنے میں بڑا اہم رول ادا کیا تھا۔
یہی نہیں وہ مجتبیٰ کی کرسی پر اس ڈھٹائی سے بیٹھتے کہ کبھی کبھی چپراسی کو یہ دھوکا ہوتا کہ شائد مجتبیٰ کی جگہ کوئی اور ٹرانسفر ہوکر آیا ہے۔ جب تک مجتبیٰ محکمۂ اطلاعات میں کام کرتے رہے، ان کی کرسی ان کی رفاقت کے لئے ترستی رہی تھی۔ یوں بھی وہ کھڑے کھڑے ہی کام کیا کرتے تھے۔ مجھے اچھی طرح یاد ہے کہ ایک بار مجتبیٰ نے اپنے ایک بزرگ ساتھی کلرک سے ان کی کرسی کچھ دیر کے لئے مانگی۔ اس وقت ان بزرگ نے ہاتھ جوڑتے ہوئے کہا تھا کہ "مجتبیٰ مجھے معاف رکھو! میری کرسی آپ کے دوستوں کے سلوک کی متحمل نہیں۔ وہ ٹوٹ جائے گی اور کرسیاں توڑنے کی علت میں میرا ٹرانسفر ہوجائے گا۔ تمہارا کیا ہے۔ تم نوجوان ہو کہیں بھی ٹرانسفر ہو تو جاسکتے ہو۔ کم از کم میرے بڑھاپے اور بیوی بچوں کا تو لحاظ کرو۔" اس کے بعد اُن بزرگ نے دوستی کا لحاظ رکھتے ہوئے ایک چوکور لکڑی کا تختہ مجتبیٰ کو دیا جسے وہ دہلی جانے تک اپنی کرسی میں جماکر دفتری فرائض انجام دیتے رہے۔
اگر آپ میری اس بات کو حق زدتی یا مبالغہ پر محمول نہ کریں تو میں کھول لگا کر

ادیبوں اور شاعروں کی حد تک، سادگی اور انکساری تو لس مجتبیٰ پر ختم ہوتی معلوم ہوتی ہے۔ اتنی کم عمری میں اتنی ساری شہرت پانے کے باوجود انھوں نے کبھی سادگی اور انکساری کو اپنے ہاتھ سے جانے نہ دیا۔ میرا خیال ہے کہ سادگی اور انکساری ان کی ذات میں رس بس گئی ہے۔ بعض لوگ سادگی کو اپنانے کی کوشش تو کرتے ہیں لیکن وہ اس کوشش میں اکھڑ معلوم ہونے لگتے ہیں۔ سلام میں پہل کرنا کوئی مجتبیٰ سے سیکھے اور یہی پیغمبرانہ شان ہے۔ مجتبیٰ اس بات کے منتظر نہیں رہتے کہ ان کے ملنے والے ان کے ادبی قد سے مرعوب ہو کر سلام کریں میں تو یہ کہتا ہوں کہ خود مجتبیٰ کو اپنے ادبی قد کا کوئی پتہ نہیں۔

ان کی سب سے بڑی کمزوری سگریٹ ہے۔ وہ سگریٹ کے بغیر ایک سطر تو کیا ایک لفظ بھی نہیں لکھ سکتے۔ وہ ایسے بے تحاشہ سگریٹ پیتے ہیں کہ مجھے حیرت ہوتی ہے۔ خود ان کا کہنا ہے کہ "اگر میں سگریٹ پینا چھوڑ دوں تو مجھے ملازمت کرنے کی ضرورت نہیں"۔ ان کے خون کا اگر تجزیہ کیا جائے تو ہر اقسام کے سگریٹوں اور بڑیوں کے خواص اس میں پائے جائیں گے۔ جب لکھنے کا ذکر آ ہی گیا ہے تو میں یہ بتا تا چلوں کہ ان کی تحریر بالکل کیڑے مکوڑوں سے مشابہ ہے۔ میرا خیال ہے کہ کبھی کبھی ان کی تحریر خود ان سے نہ پڑھی جاتی ہوگی۔ مجھے حیرت ہوتی ہے کہ مجتبیٰ نے اسکول اور کالج کے امتحانات کس برتے پر پاس کیے ہوں گے۔

بہت کم احباب کو یہ معلوم ہوگا کہ مجتبیٰ اچھا گا لیتے بھی ہیں اور خاص طور سے کلاسیکل ٹائپ کے گانے۔ ایک بار مجتبیٰ کے ساتھ ایک ادبی اجلاس میں شرکت کے لیے مجھے ظہیرآباد جانے کا اتفاق ہوا۔ ہماری کار میں حکیم یوسف حسین خاں صاحب، تاج مہجور صاحب، غیاث متین صاحب، اور علی الدین نوید صاحب وغیرہ موجود تھے۔ رات کا وقت تھا۔ پھر جنگل کا سماں۔ اور اس پہ قیامت کار کے فراٹے۔ مجتبیٰ نے

اچانک تان اڑائی ـــــ "دھیرے سے جانا بگین میں بھونرا" ـــــ تمام حیران رہ گئے کہ کار میں ریڈیو کہاں سے آگیا۔ پھر حقیقت حال کا پتہ چل گیا ـــــ مجتبیٰ نے اس رات سفر میں کوئی ۵، ۶ کلاسیکل گانے سنائے ـــــ ایک زمانے تک صرف شعراء صاحبین 'داد' اور 'ہوٹنگ' کے TASTE سے واقف تھے۔ مگر مجتبیٰ نے مزاحیہ نثر کو اسٹیج تک پہنچا کر مزاح نگاروں کو بھی اس TASTE سے واقف کروایا، اب مزاح نگار بڑی آسانی سے یہ اندازہ لگا سکتے ہیں کہ 'داد' ملنے پر ان کے خون میں کتنے گرام کا اضافہ ہوا اور ہوٹنگ پر کس کرب سے گزرے۔ میں یہاں تک کہوں گا کہ مجتبیٰ بڑی آسانی سے پیش گوئی کر سکتے ہیں کہ کس لمحہ ہوٹنگ ہونے والی ہے۔ ایک بار ہوٹنگ اور مزاح کی بات چلی تو مجتبیٰ نے اپنے مخصوص مزاحیہ انداز میں کہا تھا کہ "ایسا مزاحیہ مضمون نہیں سنانا چاہیے، جسے سنتے ہوئے یہ محسوس ہو کہ آم کو متھ متھ کر رس نکالا جا رہا ہے"! جہاں تک مجتبیٰ کے مزاح کا تعلق ہے میں یہ کہوں گا کہ وہ راست پھیپھڑوں پر اثر انداز ہوتا ہے مجتبیٰ مضمون پڑھتے وقت سامعین کو چاہیے کہ وہ چھت کی بجائے اپنے پھیپھڑوں کی فکر کریں۔ کیوں کہ ایسا نہ ہو کہ ہنستے ہنستے پھیپھڑوں کے اندر کی ہوا خارج ہو جائے اور جان کے لالے پڑ جائیں۔ یہاں یہ بھی بتا دینا ضروری ہے کہ مجتبیٰ اپنے مضمون کو پہلے حیدرآباد کی کسی ادبی محفل میں ٹسٹ (TEST) کر کے یہ اندازہ لگا لیتے ہیں کہ آخر اس قہقہہ بم میں کتنے میگا ٹن قہقہوں کی قوت پوشیدہ ہے۔ جب انھیں ہر طرح کا یقین ہو جاتا ہے تو وہ اس بم کو بمبئی پر برساتے ہیں۔ یہاں پر آزمایا ہوا قہقہہ بم بمبئی میں ہمیشہ توقع سے کہیں زیادہ دھماکہ خیز ثابت ہوا۔ اس طرح حیدرآباد ان کے لئے ایسا ہی ہے جیسے امریکہ کو بموں کا تجربہ کرنے کے لئے بحرالکاہل اور بمباری کرنے کے لئے ویتنام مجتبیٰ بڑے لطیفہ ساز ہیں۔ نئے نئے لطیفے تصنیف کرنا اور ان کو کسی کی ذات سے وابستہ کر دینا ان کے لئے ایک معمولی کھیل ہے۔ وہ بات میں بات پیدا کرنا

بھی خوب جانتے ہیں۔ ایک بار دوستوں کی محفل میں ایک صاحب نے ایک شاعر سے مخاطب ہوکر کہا "آپ تو صرف مقامی شاعر ہیں؟" اس پر شاعر صاحب بہت ہی بگڑ گئے۔ مجتبیٰ نے محفل کا رنگ بگڑتے دیکھ کر فوراً کہا "جناب! اس میں بگڑنے کی کیا بات ہے۔ مقامی شاعر تو اس کو کہتے ہیں جس کا ادب میں ایک مقام ہو!" کئی قہقہے بلند ہوئے اور بات آئی گئی ہوگئی۔

پرسوں ہی کا واقعہ ہے کہ ایک مختصر سی دوستوں کی محفل میں ایک ایسے صاحب کا ذکر چھڑا جو اپنے ادیب اور شاعر دوستوں کو موقع بے موقع دوستی کے ناطے ڈانٹ ڈپٹ کردیتے ہیں۔ خیر سے وہ ادیب بھی ہیں اور اردو کے خدمت گزار ہونے کا دعویٰ بھی کرتے ہیں۔ چنانچہ اس محفل میں ایک ایسے صاحب نے جو اُن سے کبھی ڈانٹ ڈپٹ کھائی تھی، اُن کے متعلق کہا "کچھ بھی ہو جناب! لاکھ ڈانٹ ڈپٹ کرے آدمی نقصان رساں نہیں" مجتبیٰ نے جھٹ کہا "جی ہاں! آدمی تو نقصان رساں نہیں ہے مگر اس کی ذات سے اردو زبان کو بڑا نقصان پہنچ رہا ہے"

فی البدیہہ ایسے چبھتے ہوئے جملے چھوڑنا اور کسی پر چوٹ کرنا مجتبیٰ کی بے پناہ صلاحیتوں کی دلیل ہے۔ چنانچہ اسی خصوصیت کی بناء پر اور ان کے رنگ کی مناسبت سے میں انھیں "کالا بچھو" کہتا ہوں اور سب سے دلچسپ بات یہ ہے کہ ان کا ڈنک مارا ہوا دوسرے دن ان ہی کے پاس بیٹھے چھیڑ چھاڑ میں مصروف رہتا ہے۔ جیسے کہہ رہا ہو ؎

کتنے شیریں ہیں تیرے لب کہ رقیب
گالیاں کھا کے بے مزا نہ ہوا

یوں تو مجتبیٰ دہلی امپورٹ کرلئے گئے ہیں۔ مگر مجھے یوں محسوس ہوتا ہے کہ وہ یہیں کہیں آس پاس ہی روپوش ہوگئے ہیں اور سارے ادیبوں اور شاعروں کے حرکات د

سکنات پر کڑی نگرانی رکھے ہوئے ہیں۔ اگر یہ غلط ہے تو پھر انھیں ان سارے واقعات کا علم کس طرح ہو جاتا ہے جو حیدرآباد میں وقوع پذیر ہوتے ہیں۔ یہاں کا کوئی ادیب چھینکتا ہے تو اس کی آواز وہ دہلی میں سنتے ہیں۔ یہاں کسی شاعر کے ہاں غزل ہوتی ہے تو اس کی ردیف تک کا علم انھیں ہو جاتا ہے۔ حتیٰ کے اس غزل کے اشعار کی تعداد تک انھیں معلوم ہو جاتی ہے۔ یہی نہیں وہ اس بات تک کا علم رکھتے ہیں کہ کس شاعر یا ادیب کی شادی میں کس شخص نے پیام رسانی کے فرائض انجام دیئے۔ میں کہاں تک گنواؤں مختصر یہ کہ وہ لاکھ حیدرآباد چھوڑیں، حیدرآباد انہیں چھوڑ نہیں سکتا

میں مجتبیٰ کو عقیدت کی حد تک چاہتا ہوں۔ کیوں چاہتا ہوں' اس کا جواب میرے پاس نہیں۔ ایک مزاح نگار کی حیثیت سے میں یہ کہنے کے موقف میں ہوں کہ اگر گھر "جہنم" ہو تو مزاح لکھا نہیں جا سکتا۔ اگر اس کے باوجود بھی کوئی مزاح لکھنے کا دعویٰ کرتا ہے تو وہ مزاح، مزاح نہیں "خوں ناب" بن جاتا ہے۔ بہ حیثیت ایک دوست کے مجھے مجتبیٰ کے گھر جانے کا کئی بار اتفاق ہوا۔ ان کی گھریلو زندگی ایک پُرسکون جھیل کی مانند ہے۔ اپنی رفیقۂ حیات کے بارے میں خود مجتبیٰ لکھتے ہیں کہ "اپنی بیوی کی عزت اس لئے کرتا ہوں کہ وہ مجھ سے نفرت نہیں کرتی"۔ اس ایک جملے میں مجتبیٰ نے بڑی خوبصورتی سے اپنی پوری ازدواجی زندگی کو سمو دیا ہے چنانچہ اسی پُرسکون ازدواجی زندگی کی بدولت مجتبیٰ نے آٹھ، دس سال کے مختصر سے عرصہ میں تین باغ و بہار مزاحیہ مضامین کے مجموعے "تکلف برطرف"، "قطع کلام"، اور "قصۂ مختصر" اردو ادب کو دیئے ہیں۔ وہ ابھی تھکے نہیں ان کا مزاح اب بھی جوان ہے۔ ان سے مزید توقعات وابستہ کی جا سکتی ہیں۔ مگر میں اس دن کا منتظر ہوں جب مجتبیٰ اپنی اگلی کتاب کو اپنی رفیقۂ حیات کے نام معنون کریں گے۔

پرویز یداللہ مہدی

گزشتہ چند دنوں سے پرویز صاحب سے دانستگی یا نادانستگی میں بڑی دلچسپ حرکتیں سرزد ہورہی تھیں۔ چنانچہ تین دن پہلے باتوں باتوں میں انھوں نے اچانک مجھ سے کہا کہ "آپ کو میرا مذاق اڑانا ہوگا!" یہ جملہ انھوں نے کچھ اس انداز سے اپنے موڈ کو بدل کر کہا تھا کہ مجھے سانپ سونگھ گیا۔ گمان ہوا کہ شائد حضرت لڑنے کے ارادے سے آئے ہوئے ہیں۔ میرا اس طرح سوچنا اپنی جگہ ایک حد تک واجبی تھا۔ کیوں کہ پچھلے دو تین ماہ کے دوران میں شہر کی ادبی فضاء تھوڑی سی مکدر ہو چکی تھی۔ اور دو تین عجیب و غریب واقعات اس شہر میں رونما ہوئے تھے شہر کے چند شعرا حضرات نے شاعری کے میدان میں طبع آزمائی کو چھوڑ کر آپس میں ہاتھا پائی کو اپنا شعار بنالیا تھا۔ اور بات بڑھ کر فوجداری تک جا پہنچی تھی۔ چنانچہ اسی اندیشہ کے پیش نظر میں نے اپنے سنجیدہ چہرہ پر مزید سنجیدگی طاری کرتے ہوئے کہا—— "پرویز صاحب! یہ مذاق وذاق کی کیا بات ہے۔ آپ کیا کہنا چاہتے ہیں صاف صاف کہیے!" پرویز نے اپنے جثہ کی مناسبت سے ایک زوردار قہقہہ بلند کرتے ہوئے کہا "پرسوں میری کتاب کا رسم اجرا ہے۔ آپ کو میرا خاکہ اڑانا ہوگا"! یہ دھمکی دے کر وہ چلے تو گئے۔ مگر میں بڑی

دیر تک یہی سوچتا رہا کہ واقعی یہ شخص کتنے اعلیٰ ظرف کا حامل ہے۔

پرویز صاحب سے میری پہلی ملاقات ماہنامہ "شگوفہ" میں "عجوبہ سپلائنگ کمپنی آن لمیٹیڈ" کے پاس ہوئی تھی۔ میں اس کمپنی کا بورڈ، یعنی مضمون کا عنوان دیکھتے ہی چونک پڑا تھا۔ یہ شاید ان کا پہلا یا دوسرا مضمون تھا۔ افسانہ نگاری کو چھوڑ چھاڑ کر مزاح نگاری کے میدان میں چھیڑ چھاڑ کرنے کے لئے بڑے دھڑلے سے وارد ہوئے تھے۔ ظاہر ہے چھیڑ چھاڑ میں قدم قدم پر دھول دھپے کا شدید خطرہ لاحق رہتا ہے۔ اور پھر مزاح جیسی نازک صنف میں تو اللہ کی پناہ ــــــ کیوں کہ چھیڑ چھاڑ ذرا بھی حد سے تجاوز کر جائے تو ادب کے باڈی گارڈ (نقّاد) فوراً دھول دھپے پر اتر آتے ہیں۔ مگر اس مضمون میں مجھے ایسی کوئی بات نظر نہ آئی تھی اور پرویز کی چھیڑ چھاڑ کا یہ نیا انداز مجھے بے حد پسند آیا تھا۔

ان سے دوسری بار ملاقات ان کی تصویر سے ہوئی جو انھوں نے "شگوفہ" کے کسی نمبر کے لئے بمبئی سے بھیجی تھی۔ اس تصویر میں ان کے چہرہ سے زیادہ ان کے سائڈ لاکس نمایاں تھے اور بال سر کی بجائے پیشانی پر منتشر تھے۔ شاید بمبئی کی آب و ہوا کی تاثیر تھی۔ تصویر دیکھنے کے بعد وہ مجھے ادیب کم اور سر پھرے زیادہ دکھائی دیئے تھے۔ اب تو خیر سے انھوں نے داڑھی بڑھالی ہے۔ یا یوں کہیے کہ انھوں نے سائڈ لاکس کو اور آگے کی جانب بڑھنے اور پھلنے پھولنے کا موقع دیا ہے۔

ان سے تیسری ملاقات مصطفیٰ کمال صاحب کے مکان پر ہوئی۔ وہ ان دنوں بمبئی سے اپنے وطن حیدرآباد کچھ دنوں کے لئے آئے ہوئے تھے۔ میں حسبِ معمول کمال صاحب سے ملنے کے لئے ان کے مکان گیا ہوا تھا۔ کمال صاحب نے نذیرؔ کے فرائض انجام دیتے ہوئے میدانِ طنز و مزاح کے اس ابھرتے کھلاڑی کا

تعارف کروایا۔ میری نظریں پرویز کے قد سے گزرتی ہوئی چہرہ پر جاکر جم گئیں۔ اور اچانک مجھے صفی مرحوم کا وہ شعر یاد آیا جس کی وجہ نزول یہ بیان کی جاتی ہے کہ صفی نے ایک بار کسی خوبرو نوجوان کو کنگھا کرتے دیکھ کر فی البدیہہ کہا تھا ——!

اگر وہ میری آنکھوں سے گھڑی بھر آئینہ دیکھے
تو تھک جائے بلائیں لیتے لیتے اپنی صورت کی

وہ تو خیریت ہوئی کہ پرویز ایک ایسے دور میں پیدا ہوئے جب کہ غزل میں ایک نیا موڑ آگیا ہے اور شعراء نے محبوب کے ذکر کو اپنے اوپر حرام کرلیا ہے۔ اگر پرویز پچھلے کسی دور میں پیدا ہوتے تو ان کی گردن پر کئی دوشیزاؤں اور نوجوانوں کا خون ہوتا۔ میرے کہنے کا مطلب یہ ہے کہ پرویز صاحب کو قدرت نے بڑی ہی نزہت سے بنایا ہے۔ قد پورے چھ فٹ، بڑی بڑی جھیل سی آنکھیں جن میں ڈوب جانے کو جی چاہے۔ ستواں ناک جو کبھی کٹی نہیں۔ گورے گورے گال جن میں شفق کی ہلکی سی لالی۔ گال نہ اتنے پھولے ہوئے کہ گلگلے معلوم ہوں۔ چال میں ایک عجیب طرح کی بے نیازی۔ مگر طبیعت میں انتہائی لاابالی پن۔ لیکن اس کے باوجود جب وہ کسی جانب سے گزرتے ہیں تو دوشیزاؤں کی نظریں اٹھ ہی جاتی ہیں۔ شائد ان کو اس بات کا اندازہ نہ ہو۔ لیکن میں اس بات کی گواہی دے سکتا ہوں کہ جب بھی ہم دونوں ساتھ ساتھ چلے ان کے طفیل میں مجھے بھی حسن کی بھیک ملی۔ مگر ایک بات وہ جس قسم کے گوگلس لگاتے ہیں وہ ان کے چہرہ کے لئے قطعاً موزوں نہیں۔ وہ ان کے لئے ایک پھبتی ہیں۔ البتہ ایک بات جو بُری طرح کھٹکتی ہے کہ بالوں کی حد تک وہ "فارغ البال" ہوتے جارہے ہیں۔ اس عیب کو چھپانے کے لئے وہ اپنے سر میں تیل استعمال نہیں کرتے۔ اکثر یوں بھی ہوتا ہے کہ وہ اپنے سر کے درمیانی بالوں سے سر کے اگلے حصّہ کو 'COVER' کرنے کا کام اس خوبی سے

لیتے ہیں جیسے کوئی ہندوستانی باحیا دوشیزہ اپنے سینہ کو ڈوپٹے سے گھڑی گھڑی ڈھانکتی ہے۔ میں یہاں پرویز صاحب کو یہ مشورہ دوں گا کہ وہ کبھی بھول کر بھی اپنی تصویر نہ کھنچوائیں۔ کیوں کہ انھیں یہ معلوم ہونا چاہیئے کہ اتنے طاقتور عدسہ کا کیمرہ کم از کم ہندوستان میں ابھی ایجاد نہیں ہوا جو اُن کے حسن کو مقید کر سکے کیوں کہ ان سے شخصی تعارف کے بعد مجھے یقین ہی نہیں آیا تھا کہ یہ وہی پرویز ہیں جنہیں میں تصویر میں دیکھ چکا تھا۔

پتہ نہیں مجھ سے مل کر پرویز کے دل پر کیا گزری۔ البتہ میں بغیر ڈنڈی مارے یہ کہوں گا کہ پہلی بار پرویز سے مل کر بڑی خوشی حاصل ہوئی تھی۔ اور ساتھ ہی ساتھ یہ اطمانیت بھی حاصل ہوئی تھی کہ چلو کم از کم قسم کھانے کو بھی تو ہے کہ مزاح نگاروں میں بھی ایک خوبرو، قدآور اور گبرو مزاح نگار موجود ہے۔ ورنہ اس سے پہلے جن مزاح نگاروں کے مرقعے میری نظروں سے گزرے تھے اور جن مزاح نگاروں کے میں نے درشن کیے تھے وہ خاصے کارٹونی قسم کے واقع ہوئے تھے۔

پرویز وہ واحد مزاح نگار ہیں جن کے ایک ہاتھ میں قلم اور دوسرے میں ہتھوڑا ہے۔ یہ بڑی آسانی سے روسی حکومت کے منظور نظر بن سکتے ہیں۔ جب تک وہ بمبئی میں رہے ہتھوڑا زیادہ چلاتے رہے اور قلم کم ــــ اس طرح انھیں مالی آسودگی کے ساتھ ساتھ ذہنی آسودگی بھی حاصل تھی۔ پتہ نہیں وہ گزشتہ سال اپنی فیملی کے ساتھ حیدرآباد کیوں منتقل ہوئے۔ ان کی آمد سے پہلے اس شہر میں اناج اور کپڑے کی گرانی تو تھی ہی۔ اچانک قلت پیدا ہوگئی اور ساتھ ہی ساتھ نیوز پرنٹ کی قلت بھی۔ وہ اتنا لکھے اور اتنا چھپے کہ کاغذ کی قلت کی وجہ سے حیدرآباد کے واحد رسالے "شگوفہ" کو بند کرنے کی نوبت تک آگئی تھی۔ حیدرآباد آکر انھوں نے لکھنے کے شوق میں ہتھوڑے کو یکلخت فراموش کر دیا تھا۔ ظاہر ہے جب

اردو کے کسی ادیب یا شاعر کا اوڑھنا بچھونا سب کچھ ادب ہو جاتا ہے تو اس کی مالی حالت انتہائی خستہ ہو جاتی ہے۔ آج کے اردو کے ادیب اور شاعر کے مقدر میں یہی المیہ لکھا ہوا ہے۔ اور پھر اس شہر کے اردو پرستاروں کی ایک خصوصیت یہ بھی ہے کہ وہ اپنے شہر کے کسی بھی بڑے سے بڑے ادیب اور شاعر کو خاطر میں نہیں لاتے۔ باہر کے معمولی سے معمولی شاعر اور ادیب کو سر آنکھوں پر بیٹھا لیتا گے اس شہر کے کسی ادیب یا شاعر کو اپنے تئیں ''ممتاز'، مقبول، نامور' اور مشہور'' کے لیبل لگوانے ہوں تو کچھ مدت کے لئے اسے باہر جانا پڑے گا۔ چاہے اس لیبل کے حصول کی خاطر اسے گر منلیاں ہی کیوں نہ جانا پڑے۔ یہ بات پرویز کو اس وقت سمجھ میں آئی جب کہ ان کے دوست احباب اور حد تو یہ کہ خود ان کے رشتہ دار ان سے منہ موڑنے لگے تھے۔ میں نے دو ایک بار بحیثیت ایک دوست کے انھیں مشورہ دینا بھی چاہا کہ ''جاؤ پرویز! پھر سے بمبئی جا کر اپنا تیشہ چمکاؤ'' لیکن پھر یہ سوچ کر میں نے خموشی اختیار کرلی۔ کہ اردو کے کسی ادیب اور شاعر کو مشورہ دینا ''آبیل مجھے مار'' کے مصداق ہوتا ہے۔ لہٰذا اس کو اسی حالت میں چھوڑ دینا چاہئے تاکہ وہ خود حالات کی چکی میں پس کر راہِ راست پر آجائے۔

یہ راز بہت جلد پرویز نے پالیا اور اچانک ایک دن فیملی کے ساتھ پھر بمبئی منتقل ہو گئے۔ سنتا ہوں کہ وہ اب اپنے ہتھوڑے کو تلم سے کہیں زیادہ چمکا رہے ہیں۔ یوں بھی اب وہ تھم تھم کر لکھنے لگے ہیں۔ اور یہ بڑی خوش آئند بات ہے۔ مجھے یقین ہے کہ پرویز کی ''چھیڑ چھاڑ'' کو ادبی حلقوں میں بے حد سراہا جائے گا اور وہ ان کی مقبولیت کا سبب بنے گی۔

[یہ خاکہ پرویز صاحب کی ''چھیڑ چھاڑ'' کی رسم اجراء کے موقع پر پڑھا گیا]

ستّار چشتی

ستّار صاحب کا تخلص "ستّار" کی بجائے اگر "قہّار" ہوتا تو مناسب تھا۔ کیوں کہ ایسے شخص کو جو ہمیشہ آتش فشاں پہاڑ بنا پھرتا ہو، جس سے بات کرتے وقت کبھی بھی ہاتھا پائی ہونے کا امکان ہو، جس کے لہجہ میں سانپ کی پھنکار ہو، "قہّار" نہیں تو کیا "ستّار" کہنا چاہیئے؟! پہلی مرتبہ جب ستّار صاحب نے میرے مکان پر آواز دی تو میری بیوی اور بچے ایک دم چونک پڑے۔ اُن سے ملنے کے لئے میں مکان کے باہر نکل ہی رہا تھا کہ میری بیوی نے راستہ روک کر کہا "مت جایئے! کوئی صاحب لڑنے کے لئے آئے ہیں!" یہ ہے ستّار صاحب کے لہجہ کی تاثیر۔ ماں باپ کے رکھے ہوئے نام کو اپنے تخلص کے طور پر اختیار کرکے بزرگوں اور دوستوں میں اپنے آپ کو ماں باپ کا فرماں بردار ثابت کرانا کوئی ستّار صاحب ہی سے سیکھے! دُنیا کے دیگر معاملات میں اُن سے کچھ اور سیکھنے کی کوشش کرنا گویا نت نئی بلاؤں کو دعوت دینا ہے۔ ہاں! شاعری ضرور سیکھی جاسکتی ہے۔ یہاں مایوسی نہیں ہوگی۔ لیکن شاعری سیکھ کر ایک انسان اس دنیا میں کونسا تیر مارسکتا ہے؟

ان سے میری پہلی ملاقات ایک اسکول میں ہوئی۔ جہاں میں ملازم تھا۔ وہ

اُن دنوں بارہ برس کا بن باس گزار کر دیہات سے شہر میں وارد ہوئے تھے انھیں بہ حیثیت مددگار مدرس رجوع بکار ہونا تھا۔ اس وقت ممتاز شاعر جناب خیرات ندیم جو ان کے لنگوٹی یار اور میرے دوست بھی ہیں، اُس مدرسے کے انچارج ہیڈ ماسٹر تھے۔ اجلاس میں عجیب طرح کا ہنگامہ مچا ہوا تھا۔ ستار صاحب کی آواز چھت کو توڑنے پر مائل تھی۔ اور ندیم صاحب اُن کی آواز کو کنٹرول کرنے کی ناکام کوشش کر رہے تھے۔ تاکہ عمارت کو ڈھانے کا الزام ان پر نہ آئے۔ میں بازو والی جماعت میں درس و تدریس میں مصروف تھا۔ مجھے تو یہ یقین ہو چلا تھا کہ آج ندیم صاحب کو ضرور کسی پہلوان سے سابقہ پڑا ہے اور مدرسہ پر ایک نئی اُفتاد آنے والی ہے۔ میں دوڑا دوڑا اجلاس میں داخل ہوا۔ دیکھتا کیا ہوں کہ ایک ہلکا سیاہ فام پہلوان آنکھوں پر چشمہ لگائے، بڑے بڑے بالوں میں سیدھی مانگ نکالے، پنجابی سینڈل پہنے، سفید شیروانی و پاجامہ میں ملبوس کرسی پر ڈٹا ہوا ہے اور رزم و بزم کی محفل گرم ہے۔ میرے اجلاس میں داخل ہوتے ہی ندیم صاحب نے تعارف کروایا۔

"ان سے ملئے! یہ ہیں جناب ستار چشتی، کہنہ مشق شاعر، اور میرے دوست!"

ستار صاحب بڑی گرم جوشی سے ملے۔ اور گرم جوشی بھی کیسی!؟ —— میرے ہاتھ کی اُنگلیاں اُس دن مدرسہ میں چاک پکڑنے کی قابل نہ رہیں۔ میں سوچتا ہی رہ گیا "کیا ٹیچر ایسا ہوتا ہے؟ —— کیا کہنہ مشق شاعر اسی کو کہتے ہیں؟" یقین مانیئے اگر وہ اُس دن شیروانی و پاجامہ پہنے نہ ہوتے تو انھیں پہلوان سمجھنے میں دیر نہ لگتی۔

میری اور ستار صاحب کی دوستی کی عمر آٹھ، نو سال ہے۔ میں نے انھیں گوناں گوں خصوصیات کا حامل پایا۔ ان کو فنون لطیفہ سے جنون کی حد تک دلچسپی ہے۔

خیر! شاعری کا ذکر ہی کیا، وہ تو اُن کا اوڑھنا بچھونا ہے۔ لیکن موسیقی اور مصوری سے انھیں کچھ کم لگاؤ نہیں۔ مشہور ہے کہ کسی زمانے میں ستار صاحب

ستار خوب باجتے تھے۔ ہارمونیم اور طبلہ ان کے پسندیدہ ساز تھے۔ اب تو صرف باقیات رہ گئی ہیں۔ یہ ان دنوں کی بات ہے جب کہ رگوں میں جوانی کا خون ٹھاٹھیں مار رہا تھا۔ جب والدین نے دیکھا کہ لڑکا دیپک راگ چھیڑ کر خود ہی اس میں جلا جاتا ہے تو انھوں نے فوراً پیروں میں زنجیر ڈال دی۔ فن کار پابہ زنجیر ہوگیا۔ کچھ عرصہ تک ستار صاحب نے بیگم کے چونچلوں کو سہنے کی کوشش کی۔ لیکن لا حاصل میرا خیال ہے کہ ستار صاحب ایک سنگلاخ زمین میں فی البدیہ شعر تو باآسانی کہہ سکتے ہیں۔ لیکن ٹیڑھی پسلی کے معاملہ میں وہ خود ٹیڑھے رہیں۔ آخر وہی ہوا جو ٹیڑھی پسلی کو سیدھا کرنے کا نتیجہ ہوتا ہے۔ ان کی بیگم اپنی سوکن کو برداشت نہ کر کے علیحدگی اختیار کرلیں۔ (یہاں لفظ سوکن سے کوئی اور معنی مراد نہ لیں۔ میرا اشارہ شاعری کی طرف ہے کیوں کہ تقریباً ہر شاعر کی بیوی "شاعری" کو اپنی "سوت" ہی تصور کرتی ہے۔ اگر بیوی بھی شاعرہ ہو تو یہ ایک علیحدہ بات ہے۔ تب تو مشاعرہ گھر پر ہی ہوگا)

بیگم کی جدائی کے بعد ستار صاحب کی شاعری میں سوز و گداز پیدا ہوا۔ جس کی جھلکیاں ان کے کلام میں جا بجا ملیں گی۔ اب نہ تو بیگم کی رفاقت ہے اور نہ ہارمونیم اور ستار کا روزانہ کا ریاض ہے۔ البتہ سوکن بڑی باوفا نکلی۔ شاعری جو ٹھہری۔ کیوں نہ باوفا ہو؟ جب کہ ستار صاحب نے اپنی عمر کا ایک بہت بڑا حصّہ اس کے گیسوؤں کو سنوارنے میں گزارا ہے۔

فنونِ لطیفہ کے علاوہ ستار صاحب کو پرندوں اور جانوروں کو بھی پالنے کا شوق ہے۔ یہ شوق انھیں کیوں چرایا ہے پتہ نہیں۔ ان کے مکان میں قدم رکھتے ہی سب سے پہلے کتا آپ کا خیر مقدم کرے گا۔ وہ ہمیشہ ایک کھونٹی سے بندھا رہتا ہے۔ مجھے اس کتے پر بڑا رحم آتا ہے۔ کیوں کہ اس بیچارے

کی کوئی کنتیا نہیں۔ اب تو وہ بہت ہی "کم کتنا" رہ گیا ہے۔

جب پرندوں اور جانوروں کو پالنے کے شوق کا ذکر آہی گیا ہے تو یہ بھی بتاتا چلوں کہ کبوتروں کے تعلق سے ان کی معلومات نہایت وسیع ہیں۔ اس معاملہ میں ان کی حیثیت ایک "اتھارٹی" کی سی ہے۔ ان کے مکان میں آپ کو مختلف نسل اور مختلف قسم کے کبوتر "غٹر غوں، غٹر غوں" کرتے نظر آئیں گے۔ اب تو وہ باضابطہ جدید شاعری کرنے لگے ہیں۔

کسی زمانے میں ستار صاحب کو مرغ لڑانے کا بھی شوق تھا۔ ایک بار جب مرغوں کی لڑائی کا ذکر چھڑا تو انھوں نے کہا کہ "میرے پاس ایک ایسا خاندانی نسخہ ہے جس کے استعمال سے مرغ لڑانے میں کبھی پہل نہیں کرے گا۔" اگر واقعی اس بات میں کچھ صداقت ہے تو اس نسخہ کو دنیا کی اُن قوموں پر آزمانا چاہیئے، جو ہمیشہ جنگ کی اصطلاحوں میں سوچتی ہیں، تاکہ ان میں عدم تشدد کا رجحان تیزی سے پروان چڑھے۔

ستار صاحب نیوپال مینوفیکچرنگ کمپنی کا چلتا پھرتا اشتہار ہیں۔ وہ بغیر کسی معاوضہ کے اس کمپنی کی تشہیر کا کام انجام دیتے ہیں۔ وہ ہمیشہ سفید شیروانی اور سفید پاجامہ پہنے ہوئے نظر آئیں گے۔ اور کبھی کبھار سفید پتلون اور سفید شرٹ پہنے ہوئے۔ حد ہو گئی، وہ شیروانی کے بٹن تک سفید رنگ کے استعمال کرتے ہیں۔ اس پہ طرفہ تماشا یہ کہ وہ سینڈل تک سفید رنگ کے استعمال کرتے ہیں جب قدرت نے یہ دیکھا کہ اس شخص کو سفید رنگ سے والہانہ عشق ہے تو اس نے وقت سے پہلے ہی ان سر کے سارے بال سفید کر دیئے۔ اب تو وہ سرتاپا مکمل "وائٹ ہاؤز" بن گئے ہیں۔ انھیں سفید رنگ کیوں پسند ہے، یہ وہی جانیں لیکن میرا یہ خیال ہے کہ وہ "آل وائٹ سفید" محض اس لئے بنے پھرتے ہیں کہ

۱۲۰

ان میں اور سیاہ رات میں کچھ تیز ہو اور راہروان سے نہ ٹکرائیں۔ اس طرح یہ لباس اندھیری رات میں "اندھے کا دیا" کا کام انجام دیتا ہے۔

آج تک یہ بات مشہور ہے کہ عورت اپنی اصلی عمر کبھی نہیں بتاتی۔ لیکن ستار صاحب اس معاملے میں صنف نازک کو مات دے چکے ہیں۔ وہ کبھی اپنی اصلی عمر نہیں بتائیں گے۔ لیکن وہ یہ بھول جاتے ہیں کہ ان کے بال ان کے خلاف بغاوت کا علم بلند کر چکے ہیں۔ ایک مرتبہ انھوں نے اس بغاوت کو ختم کرنے اور اپنی عمر رفتہ کو آواز دینے کے لیے نہ جانے کس قسم کا خضاب استعمال کیا کہ پورا سر سُن ہو گیا۔ فوراً گھر آکر گرم گرم کافی بنوائی۔ خود پی دوسروں کو پلائی۔ امرت انجن کو خوب ملا۔ تب کہیں جاکر بڑی مشکل سے گلو خلاصی نصیب ہوئی۔ اب وہ خضاب سے تائب ہو چکے ہیں۔

کبھی کبھی ان پر دوبارہ شادی کرنے کا موڈ بھی طاری ہو جاتا ہے۔ بقول انھیں کے "گھر پر لڑکیوں کا ایک تانتا بندھا ہوا ہے!" لیکن وہ ہر لڑکی میں غزل کی وہ تمام خوبیاں تلاش کرتے ہیں جو ایک "بھرپور غزل" کے لیے ضروری ہیں۔ اگر بالفرض کوئی لڑکی ان کی کسوٹی پر پوری طرح اترے اور جواباً عرض ہے کے طور پر وہ لڑکی بھی ستار صاحب میں ان تمام خوبیوں کی تلاش شروع کر دے۔ جو ایک "بھرپور قصیدہ" کے لیے ضروری ہیں۔ تو اس وقت پتہ نہیں ستار صاحب کیا کریں گے؟

ستار صاحب ایک بے ضرر شاعر ہیں۔ ان معنی میں بے ضرر نہیں کہ اپنے اوپر آنچ آنے پر خموشی اختیار کرلیں۔ وہ تو اینٹ کا جواب پتھر سے دیں گے۔ بلکہ میں یہ کہوں گا انھیں پتھر اٹھانے کی نوبت ہی نہیں آتی۔ اُن کا حریف تو ان کے کسرتی بدن کو دیکھتے ہی دُم دبا کر راہ فرار اختیار کرلیتا ہے میں نے بے ضرر ان معنوں میں استعمال کیا ہے کہ وہ دوستوں کی بیٹھک کا کسی وقت بھی ناجائز فائدہ نہیں اٹھاتے۔ ہر وقت بے وقت اپنی غزلیں اور نظمیں سنا کر دوستوں کی قوت سماعت کو چیلنج نہیں کریں گے

ستار جشتی کی شخصیت کو چند صفحات پر بکھیر دینا ایک امرِ محال ہے۔ کیونکہ جو شخص آندھرا میں رہنے کے باوجود پنجابی سینڈل پہن کر اپنے آپ کو پٹھان ثابت کرنے کی کوشش کرتا ہو، جو مشاعرہ میں مدعو کئے جانے کے باوجود اپنا کلام نہ سُناتا ہو، اور جو مشاعرہ میں مدعو نہ کئے جانے پر شکوے اور شکایتیں کرتا ہو، جو "قہار" ہونے کے باوجود کسی کی عیادت کو جاکر خود پھوٹ پھوٹ کر روتا ہو، جو شاعر ہونے کے باوجود ایک اچھا خاصا "اسپورٹس مین" ہو اس کے لئے ایک ضخیم کتاب چاہیئے، عبدالحق کی ڈکشنری کی طرح!! . .

(یہ خاکہ تعلقہ ابراہیم پٹن میں منعقدہ "جشن ستار چشتی" کے موقع پر پڑھا گیا)

آخری صفحہ

لیجئے! "آخری صفحہ" حاضر ہے۔ میں تو اس صفحہ کو اسی کے ہی حال پر چھوڑ دینا چاہ رہا ہوتا۔ لیکن اچانک مجھے ایک بات یاد آگئی۔ میں نے آپ کو یہ نہیں بتایا تھا کہ "در پردہ" میرے مزاحیہ مضامین کا دوسرا مجموعہ ہے۔ اس سے قبل میری ایک کتاب "سائیڈ سے چلئے" ۱۹۷۰ء میں چھپی تھی۔ اب پورے چار سال کے بعد یہ کتاب زندہ دلان حیدرآباد' جس کا میں بھی ایک رکن ہوں' کے ادارہ سے شائع ہو رہی ہے۔ میں زندہ دلان کی اس "دریا دلی" کا بے حد ممنون ہوں۔

اس کتاب کی اشاعت کے سلسلہ میں میرے عزیز ترین دوست سید مصطفیٰ کمال صاحب نے خاص دلچسپی لی۔ اور ہر کام کو اپنی نگرانی میں پایۂ تکمیل کو پہنچایا۔ میں ان کا صرف شکریہ ادا کر کے فرار حاصل نہیں کر سکتا۔

یہاں میں خاص طور پر جواں سال خوشنویس جناب ایم۔ اے۔ رؤف کا شکریہ ادا کروں گا انھوں نے اتنی قلیل مدت میں کتابت ختم کی کہ ان کے خلیل ہونے میں کوئی شبہ کی گنجائش نہیں رہی۔ خدا کرے کہ ان کو کاتبوں کی روایتی ہوا نہ لگے!

کتاب میں شامل سارے مضامین کے عنوانات جناب غوث محمد خوشنویس جنھیں میں پیار سے "غوث جی" پکارتا ہوں' نے لکھے ہیں۔ میں ان کا شکریہ ادا کرنا اس لیے ضروری سمجھتا ہوں کہ انھوں نے عنوانات کچھ اس ڈھنگ سے لکھے ہیں کہ معنی اور مزاح پیدا ہو۔ مجھے یہ اندیشہ ہے کہ آپ عنوانات ہی میں کھو جائیں گے۔

اس کتاب کے خوبصورت ٹائٹل کو ممتاز آرٹسٹ جناب سعادت علی خاں صاحب نے بنایا ہے۔ اور جناب سلام صاحب خوشنویس نے کتاب کا نام لکھا ہے۔ میں ان دو حضرات کا بھی بے حد ممنون ہوں۔

... مزاح کے میدان میں مسیح انجم اپنے ساتھیوں میں آگے اور سب سے آگے ہیں۔ ان کی تحریروں میں بیحد شگفتگی اور ظرافت ملے گی، کڑواہٹ کا نام نہیں۔ موضوع کے انتخاب اور اظہار کی خوبی و طرفگی نے ان کے ظریفانہ رنگ کو خاص طور پر نکھارا ہے۔ وہ ہر بات میں مزاح کا پہلو تلاش کر لیتے ہیں اور پھر لطف یہ کہ اپنی تحریر کو لطیفوں، مسخرگی اور مبالغہ سے بوجھل نہیں کردیتے۔ مبالغہ ان کے ہاں ہے ضرور لیکن اسقدر نہیں کہ محض وقتی اور لمحاتی تاثر پیدا کرے۔ وہ بڑے مہذب انداز میں قاری کا دل جیت لیتے ہیں...

مصطفٰے کمال

مدیر "شگوفہ"

... مسیح انجم بات کو سلیقہ سے کہنے کا فن، خوب جانتے ہیں۔ ان کے بیشتر مضامین میں "لطیف کیفیت" آپ کو رواں دواں ملے گی۔ زندگی کے کسی شعبہ میں بھی بے اعتدالی یا عدم توازن نظر آتا ہے تو مسیح انجم کی رگِ ظرافت پھڑک اُٹھتی ہے اور وہ اس عدم توازن کی کیفیت میں سے قہقہے اُٹھا لاتے ہیں... وہ سیدھی سادی اور رواں دواں زبان لکھتے ہیں میرے خیال میں مزاح کی ہلکی پھلکی اور سُبک کیفیت کے اظہار کے لئے بے تکلف اور ہلکی پھلکی زبان کا استعمال ضروری ہے۔ بوجھل اور بھاری بھرکم زبان اکثر اوقات مزاح کی کیفیت کو بھی بوجھل بنا دیتی ہے... مسیح انجم ایک باشعور اور چوکس مزاح نگار ہیں۔ ایک اچھے مزاح نگار کے لئے صرف کسی کا مذاق اُڑانا ہی کافی نہیں ہوتا بلکہ اُسے یہ بھی دیکھنا پڑتا ہے کہ آخر کس کا مذاق اُڑایا جائے... یہی وجہ ہے کہ وہ اپنے مزاح کے موضوعات کا انتخاب بڑی ہوشیاری سے کرتے ہیں۔ وہ اپنے مزاح میں شدید بھی نہیں ہوتے، بلکہ ان کا مزاح ہم آہنگی اور رچاؤ کے تابع ہوتا ہے...

مجتبیٰ حسین

——— مسیح انجم کے مزاحیہ مضامین پڑھ کر اُن کی بے چین اور مضطرب طبیعت سے شناسائی ہو جاتی ہے۔ معلوم نہیں زندگی میں وہ کس قدر "عملی آدمی" واقع ہوئے ہیں۔ لیکن یہ امر واقعہ ہے کہ ان کے دلچسپ مزاح کی اساس زیادہ تر حرکی اور واقعاتی ہے۔ ان کے مضامین میں نہ محض لطیفہ بازی ہے نہ فقرہ بازی؛ بلکہ مزاحیہ اور مضحک واقعات کے تواتر اور ترتیب سے مزاح اور استہزا کی تخلیق کی گئی ہے جو دلچسپ اور کامیاب ہے۔ ان کے مزاح کی ایک اور خصوصیت بھی مجھے بیحد پسند آئی، وہ یہ کہ دوسروں پر ہنسنے کے بجائے وہ خود اپنے آپ پر ہنستے ہیں۔ اور آپ جانتے ہیں کہ یہ بہت مشکل کام ہے۔ دوسروں پر ہنسنا تو بہت آسان ہے، لیکن اپنے مزاح کا نشانہ خود اپنے آپ کو بنانا فراخ دلی اور اعلیٰ ظرافت کی دلیل ہے۔ آجکل حیدرآباد میں اعلیٰ ظرافت نگاروں کی جو ایک پھلجھڑی سی چھوٹ رہی ہے، اس کی تابانی میں مسیح انجم نے ایک گراں قدر اضافہ کیا ہے۔

کرشن چندر

در پردہ (مزاحیہ مضامین) مسیح انجم

پیدائش : ۶؍اکتوبر ۱۹۳۳ء
تعلیم : بی۔اے، بی۔ایڈ (عثمانیہ)
ملازمت : پیشۂ درس و تدریس
("ایک پشت سے ہے پیشۂ آبا" مدرسی)
کمزوری : آج کا کام کل پر ڈالنا، شاگردوں کے
خوف سے ہوٹلوں اور سڑکوں پر کھلے
پیتے (سگریٹ) ہوئے گھبرانا۔
تصانیف : "سائینسی چھینٹے"۔ "در پردہ"